AB IN DIE FLITTER- WOCHEN!

© LKUNL / GETTY IMAGES

© MURATART / SHUTTERTSOCK

INHALT

Was kostet wie viel?

€€ = WENIGER ALS 4000 EURO
€€€ = 4000–5500 EURO
€€€€ = MEHR ALS 5500 EURO

INSPIRATION

© MARK READ / LONELY PLANET

Wie LGBT-freundlich ist ein Land?

DIE LONELY-PLANET-AUTOREN HABEN DIE DESTINATIONEN IN DIESEM BUCH DANACH BEWERTET, WIE OFFEN DIE REISEZIELE GEGENÜBER GLEICHGESCHLECHTLICHEN PAAREN SIND (VON 1 BIS 5). 1 WEIST AUF LÄNDER HIN, DIE SICH WENIG LGBT-FREUNDLICH ZEIGEN, UND 5 STEHT FÜR DIE DESTINATIONEN, DIE AM LIBERALSTEN SIND.

PLANUNG

LONELY PLANETS FLITTERWOCHENPLANER

Der gesellschaftlich am meisten anerkannte Grund, Arbeit einfach Arbeit sein zu lassen und die längste und luxuriöseste Reise seines Lebens anzutreten ist – zu heiraten. Doch bevor man Punkte auf der Packliste abhakt, sollte man sich über ein paar grundsätzliche Dinge Gedanken machen. Der Traumtrip plant sich nämlich nicht von allein.

OBEN Plane deine Flitterwochen sorgfältig, bevor du zum Strand deiner Träume düst. Niemand möchte irgendwo in der Ferne stranden.

© JUSTIN FOULKES / LONELY PLANET

Schäbige Hotels, verpasste Flüge, langweiliges Essen und mieses Wetter können die Urlaubslaune entscheidend trüben – und dir das Gefühl vermitteln, dass dein schwer verdientes Geld gerade den Abfluss runtergespült wird. Wir haben zwar keine Glaskugeln und können keinen Regentanz aufführen, versichern dir aber, dass eine gute Planung die Chancen auf einen gelungenen Traumurlaub definitiv erhöht.

TIMING IST ALLES

Die fleißig gesammelten Urlaubstage gilt es jetzt möglichst clever für die Hochzeitsreise einzusetzen. Besonders wichtig ist, dass die zur Verfügung stehende Zeit zum Urlaubsziel passt, damit die Flitterwochen nicht hauptsächlich aus An- und Abreise bestehen. Wer zwei oder drei Wochen Zeit hat, der kann ein weiter entferntes Ziel in Angriff nehmen und sich von den Strapazen einer langen Anreise und/oder vom Jetlag erholen. Wenn man aber nur eine Woche frei hat, ist es wenig sinnvoll, zwei ganze Tage zu verbraten, um von einem Kon-

tinent zum anderen zu kommen, nur um ein paar Tage später die gleiche Tortur in umgekehrter Richtung zu wiederholen.

Der zweite wichtige Timing-Aspekt hat mit den Jahreszeiten zu tun. Wer die Flitterwochen direkt an den feststehenden Hochzeitstermin anschließen will, muss vielleicht manche Ziele aus saisonalen Gründen ausschließen. So wird die Karibik im September und Oktober von heftigen Wirbelstürmen heimgesucht. In anderen Ländern sind bestimmte Jahreszeiten vom sintflutartigen Monsunregen geprägt, wie zum Beispiel die zweite Jahreshäfte in Thailand.

Am besten informiert man sich also im Vorfeld über die beste Reisezeit fürs bevorzugte Flitterwochenziel. Natürlich schnellen in der Saison mit dem besten Wetter und in den Schulferien (in denen gute Hotels schnell ausgebucht sind) auch die Preise in die Höhe. Das Reisen in der Nebensaison kann also eine durchaus bedenkenswerte Option sein, wenn man – bei hoffentlich gutem Wetter – mehr für sein Geld bekommen will.

AB IN DIE FLITTERWOCHEN!

DIE VORTEILE EINES DIY-TRIPS

Es ist absolut nichts verkehrt daran, auf seiner Hochzeitsreise nur ein Ziel anzusteuern. Wenn man jedoch länger verreist (wie bei Flitterwochen ja oft der Fall), bietet es sich an, mehrere Schauplätze zu erkunden. All-inclusive-Hotels werden natürlich versuchen, einen vom Gegenteil zu überzeugen, und Reiseveranstalter wollen Gruppenreisen und andere festgelegte Touren verkaufen.

Wie auch immer, ein selbst geplanter Trip ist viel einfacher als man denkt und meist wesentlich lohnender als eine durchgeplante und fremdbestimmte Tour. Beim aktiven Planen der Urlaubsroute lernt man sein Reiseziel schon im Vorfeld gut kennen und reist dann mit beachtlichem Wissen im Gepäck an. So kann man perfekt am Ziel all jene Erlebnisse auswählen, die einen am meisten ansprechen.

© LOTTIE DAVIES / LONELY PLANET

RECHTS Die Kunst einer gelungenen Hochzeitsreise: die richtige Balance zwischen Abenteuern, zum Beispiel auf den Straßen von Tokio, und Entspannung zu finden.

© MATT MUNRO / LONELY PLANET

LINKS Partys in Rio oder die Kirschblütensaison in Japan könnten Reiseerlebnisse für die FlitterwochenWunschliste sein.

EINE HOCHZEITSREISE MIT VIELEN ZWISCHENSTOPPS BASTELN

Wer Flitterwochen mit vielen Zwischenstopps plant, sollte die Reise einfach als Roman oder Film betrachten, in dem sich Actionszenen mit ruhigen Momenten abwechseln. Der Beginn der Reise ist die Initiationsphase – man gewöhnt sich an eine neue Welt (überwindet vielleicht den Jetlag) und will den Actionlevel langsam steigern. In der mittleren Phase der Flitterwochen verdichtet sich der Plot; der Puls schlägt bei Abenteuersport und nächtlichen Stadterkundungen höher. Gegen Ende der Geschichte ist es Zeit, das Tempo zu drosseln und zu entspannen. Zum Beispiel am Strand von Bahia nach wilden Tagen und Nächten in Rio und São Paulo, in der Amalfi-Villa nach Besichtigung der Toskana und Rom oder in einem Ryokan in Hakone nach der Hektik von Kyoto und Tokio. Am Ende einer Reise sollte man weich landen, um erholt zurückzukehren und sich nicht gleich nach dem nächsten Urlaub zu sehnen.

AB IN DIE FLITTERWOCHEN!

HOTELS AUSWÄHLEN

Jetzt, wo das Reisedrehbuch steht, geht es darum, es mit Hotels zu bestücken. Diese sollten zum Charakter der jeweiligen Reiseabschnitte passen, es ist allerdings ein kleiner Trick nötig, um dein zukünftiges Reise-Ich zu überlisten: Jede ausgewählte Bleibe sollte auf die vorherige aufbauen. Das menschliche Gehirn zieht automatisch Parallelen, und wenn man in Unterkunft Nr. 2 ankommt, wird man sie mit Unterkunft Nr. 1 vergleichen. Um das Gefühl zu haben, dass die Reise ein echter Gewinn ist, sollten die Hotels im Verlauf des Trips immer besser werden – oder zumindest auf gleichem Niveau bleiben – und, passend zum großen Finale der Reiseplanung, in einem Höhepunkt enden. Denn der letzte Abschnitt der Flitterwochen steht unter dem Motto „und sie lebten glücklich bis ans Ende ihrer Tage" – genau wie eure Ehe.

© JONATHAN GREGSON / LONELY PLANET

Flitterwochen-
Zeitplan

☐ EIN JAHR VOR DER HOCHZEITSREISE

Träume. Überlegt, wo ihr schon immer gemeinsam hinwolltet, und lasst euch von Reiseführern, Zeitschriften und Websites inspirieren.

☐ NEUN MONATE VOR DER HOCHZEITSREISE

Wenn das Budget für die Hochzeit und die Flitterwochen aus einem Topf kommt, dann wisst ihr wahrscheinlich jetzt schon, wie viel Geld ihr zur Verfügung habt und könnt die Liste mit Traumzielen mit der finanziellen Realität abgleichen.

☐ SECHS MONATE VOR DER HOCHZEITSREISE

Legt eure Reisedaten unter Berücksichtigung anderer Verpflichtungen fest. Überlegt genau, wie viel Zeit ihr braucht, um alle Sehenswürdigkeiten und Erlebnisse, die euch wichtig sind, voll auszukosten.

LINKS Wenn sich die Qualität der Hotels im Verlauf der Reise stetig steigert, hat man eher das Gefühl, voll auf seine Kosten zu kommen.

☐ VIER MONATE VOR DER HOCHZEITSREISE (ODER FRÜHER!)

Macht Nägel mit Köpfen, indem ihr Flüge und bestimmte Hotels bucht und euch um Visa, Genehmigungen, Reservierungen etc. kümmert. Legt nun auch in groben Zügen eure Reiseroute fest (für Reisen mit mehreren Ortswechseln: Wann sind wir wo?).

☐ ZWEI MONATE VOR DER HOCHZEIT (NICHT UNBEDINGT VOR DER HOCHZEITSREISE)

Wenn ihr eure Gäste um Hilfe bei der Finanzierung der Traumreise bitten wollt, wäre jetzt die Zeit, um eine Online-Liste mit konkreten Dingen und Events anzulegen, die die Gäste euch – jeder nach seinen Möglichkeiten – schenken können.

☐ EIN MONAT VOR DER HOCHZEITSREISE

Sobald der 30-Tage-Countdown beginnt, könnt ihr in den sozialen Medien nach aktuellen Events und angesagten Bars suchen. Vielleicht findet ihr sogar Freunde, die ebenfalls unterwegs sind und eure Reiseroute kreuzen.

AB IN DIE FLITTERWOCHEN!

OBEN Wer große Wanderungen unternehmen, die Nächte durchtanzen und immer noch genug Geld haben will, um an seinem Traumstrand zu entspannen, für den zahlt sich ein guter Finanzplan buchstäblich aus.

DER FLITTERWOCHEN-FINANZPLAN

Am Anfang ist die Aufregung groß – und die Flitterwochen landen bei vielen Paaren oft ganz unten auf der Liste für das Hochzeitsbudget. Wer mit einem einmaligen Reiseerlebnis in die Ehe starten will, sollte also vorab einen Finanzplan erstellen.

💲 EIN REALISTISCHES BUDGET ERSTELLEN

Einigt euch darauf, wie viel ihr ausgeben wollt. Wollt ihr euch mit weniger zufriedengeben und penibel auf die Ausgaben achten? Oder nehmt ihr in Kauf, das Budget zu sprengen?

Listet die Top Five eurer Traumziele auf und recherchiert dann die folgenden Kosten:

Hin- und zu-rückkommen – Flüge, Transfers, Taxis etc.	Leben vor Ort – mittelpreisige Unterkunft, Essen, Wasser, Bier etc.	Rumkommen – Bustickets, Zugfahrkarten, Inlandsflüge, Taxis etc.	Visa, Impfungen, Krankenver-sicherung – alle übrigen Kosten vor Reiseantritt

Die Kosten für ein und denselben Posten an unterschiedlichen Orten zu vergleichen, ist eine gute und einfache Methode, um die Optionen ein-zugrenzen. Gibt es auf der Liste Traumziele, die ins ursprüngliche Budget passen? Oder müsst ihr euch eventuell realistischere Ziele setzen?

Nach den Basics vergleicht ihr das zur Verfügung stehende Budget mit dem Erlebnis, das euch vorschwebt. Wenn euch Luxus wichtig ist, wählt ein Ziel aus, wo ihr ihn euch leisten könnt. Denn ein Fünf-Sterne-Hotel, das man im indischen Delhi vielleicht für 130 Euro bekommt, kann in Dubai locker 13 000 Euro kosten.

Wenn euer Herz an einem bestimmten Ziel hängt, überlegt, ob ihr es im Sparmodus genießen könnt. In Berlin abgebrannt zu sein, mag zum Erlebnis dazugehören, im Las-Vegas-Urlaub eher nicht.

Welche Ausflüge und Highlights sollen Teil der Reise sein? Gehört es einfach zum Reiseziel dazu, dort bestimmte Dinge zu unternehmen? Wäre es in Ordnung, das Great Barrier Reef zu besuchen, ohne dort zu tauchen? Oder die Route 66 nicht in einem Cadillac entlangzufahren?

Erstellt einen richtigen Kostenvoranschlag, sobald ihr euch auf ein Reiseziel festgelegt habt. Online-Budgetplaner oder Apps wie Trail Wallet (iPhone) und TripBudget (Android) können dabei hilfreich sein.

💲 DIE KOSTEN ÜBERSCHLAGEN

Die durchschnittliche Verlobungs-zeit dauert 18 Monate. Mit Flügen kostet eine Hochzeitsreise im Durchschnitt etwa 4000 Euro pro Paar. Wenn ihr sparen wollt, müsst ihr also bis zum Tag, an dem ihr „Ich will" sagt, monatlich rund 220 Euro zurücklegen – und entsprechend mehr, wenn's luxuriöser sein soll.

SAMMELT FÜR DIE FLITTERWOCHEN

Viele verlobte Paare leben heutzutage bereits zusammen. Deshalb kommt der klassische Hochzeitstisch im Kaufhaus langsam aber sicher aus der Mode: Immer mehr Menschen bitten ihre Gäste darum, als Hochzeitsgeschenk einen finanziellen Beitrag für die Flitterwochen zu leisten.

Wenn ihr euren Trip von einem Reisebüro planen und buchen lassen wollt, fragt dort nach, ob sich eure Gäste direkt an den Kosten beteiligen können. Außerdem bieten viele Reiseveranstalter einen Flitterwochen-Service an – ob ihr nun ein vorgebuchtes Backpacker-Abenteuer erleben oder einen individuell zugeschnittenen Luxusurlaub machen wollt. In den USA ist es mittlerweile so angesagt, Reisen (oder Teile von Reisen) zu verschenken, dass Unternehmen wie American Airlines, Amtrack und Zip-Car Gutscheine verkaufen.

Wenn ihr flexibel bleiben wollt und euch mit dem Gedanken nicht anfreunden könnt, dass das gesamte Reisegeld nur bei einem einzigen Veranstalter liegt, dann richtet eine Art private Crowdfunding-Plattform für eure Flitterwochen ein. Hier können Freunde von überall auf der Welt einzahlen, wann immer sie möchten. Eine kleine Richtlinie: In Europa beläuft sich der durchschnittliche Wert eines Hochzeitsgeschenks auf 76 Euro – 50 Gäste finanzieren also die Kosten einer durchschnittlichen Hochzeitsreise.

BRINGT DIE MITTEL AUF

Damit ihr nicht zu viel Geld ausgebt, müsst ihr Flüge und Hotels möglichst früh buchen. Wer vor der Hochzeit noch nicht flüssig ist, besorgt sich eine Kreditkarte, für deren Benutzung man Rabatte bei Fluggesellschaften oder Reiseveranstaltern bekommt. Einigt euch, wie viel jeder von euch beiseite legen kann, um die vorab anfallenden Kosten abzudecken. Denkt auch an Extras!

 ## ERÖFFNET EIN SPARKONTO

Ein separates Bankkonto nur für die Hochzeitsreise oder ein Account bei Paypal reichen zwar aus, aber ein Festgeldkonto bringt (etwas) mehr Zinsen. Und weil ihr auf ein solches Konto nicht zugreifen dürft, kommt ihr auch nicht in Versuchung, das Sparschwein zu plündern. Richtet einen Dauerauftrag auf eurem Girokonto ein: Wenn jeden Monat gleich nach Gehaltseingang dieselbe Summe aufs Sparkonto geht, tut's nicht so weh.

RECHTS Was ist romantischer als Flitterwochen in Paris? Doch auch die Stadt der Liebe kostet Geld.

Die beiden folgenden Unternehmen haben zwar deutschsprachige
Websites, ihr Sitz ist aber in beiden Fällen in Frankreich.

LEETCHI
(WWW.LEETCHI.COM/DE)

Pro: Leetchi ist eine Plattform für private Crowdfunding- und Geldsammelaktionen, auch für Themen rund um die Hochzeit. Mit wenigen Klicks ist eine Seite erstellt, der Link kann per E-Mail, SMS, Twitter oder Facebook geteilt werden.

Contra: Kostenlos kann das gesammelte Geld nur in den Leetchi-Partnershops ausgegeben werden. Die Überweisung auf ein beliebiges Bankkonto kostet zwischen 2,9 und 4% des zu überweisenden Betrags.

ZANKYOU
(WWW.ZANKYOU.COM/DE)

Pro: Auf der Gratis-Hochzeitswebsite kann der Online-Hochzeitstisch geteilt werden. Geschenke für die Flitterwochen können auf einer Karte eingezeichnet werden. Die Zahlungsgebühr von 1,85% des geschenkten Betrags plus eine Transaktionsgebühr kann entweder von euch oder von euren Gästen übernommen werden.

Contra: Die Geldgeschenke landen in eurem Zankyou-Account und ihr könnt nur insgesamt drei Mal gratis auf eurer Bankkonto überweisen. Beim ersten Transfer müssen euer Konto und der Zankyou-Account miteinander verknüpft werden, dafür werden Fotokopien der Personalausweise oder Reisepässe von euch beiden benötigt.

$ PUNKTE UND PRÄMIEN SAMMELN

Wenn ihr noch keine Flugmeilen sammelt, fragt bei eurer Bank nach Reiseboni, wechselt zu einem Kreditkartenunternehmen, das Reisediscounts anbietet (wie z. B. Miles & More von Lufthansa) oder meldet euch für Kundenkarten an (z. B. Payback), die für Einkäufe Bonusmeilen vergeben.

$ BEIM GEPÄCK SPAREN

Gönnt euch Dinge, an denen ihr Spaß habt, wie neue Badesachen und eine Sonnenbrille, aber investiert nicht unbedingt in neue Gepäckstücke, die ihr eh nur einmal im Jahr benutzt. Vielleicht gibt es ja im Freundeskreis jemanden, der einen Rucksack, ein Moskitonetz oder eine Taschenlampe verleihen kann oder euch als Hochzeitsgeschenk zum Flughafen fährt – eine praktische Art, um euch eine Freude zu machen und jede Menge Geld zu sparen.

$ AUF DER REISE

Natürlich sollen Flitterwochen etwas ganz Besonderes sein. Aber bevor ihr euch zu einem teuren „Hochzeitspaket" in einem vornehmen Hotel überreden lasst, macht euch bewusst, was Luxus und Romantik eigentlich für euch bedeuten. Ist eine Penthouse-Suite mit Blick über die Stadt das Nonplusultra oder hat einer von euch Höhenangst? Braucht ihr zur Begrüßung Blütenblätter in der Badewanne, pink verpackte Pralinen und zu Schwänen gefaltete Handtücher? Oder tun es auch eine geschützte Terrasse, eine Außendusche und eine Schale mit frischem Obst?

In einem Boutiquehotel, Gästehaus oder Apartment zu übernachten, ist nicht nur preiswerter, sondern bietet oft auch ein intimeres Erlebnis als ein Luxushotel. Doch für welche Unterkunft ihr euch auch entscheidet: Achtet auf die Lage. Es ist nicht nur romantisch, nach dem Dinner in einer lauen Sommernacht zu Fuß nach Hause zu schlendern, sondern spart auch Taxikosten.

$ ROMANTIK PUR

Vermeidet möglichst die typischen teuren Flitterwochenfallen. In einer von einem dürren Gaul gezogenen Kutsche fühlt man sich nur traurig und fehl am Platz. Eine einzelne Rose ist meist erst peinlich und dann später nur lästig, wenn sie welk im Waschbecken liegt und später im Koffer kaputtgeht. Bei Romantik geht es um Liebe, nicht um Geld. Um das Sammeln von schönen Erinnerungen, nicht von Schulden und verwelkten Rosen.

RECHTS Schöne Erinnerungen, die ein Leben lang währen, sind besser als abgedroschene romantische Gesten.

© BETSIE VAN DER MEER / GETTY IMAGES

© MATT MUNRO / LONELY PLANET

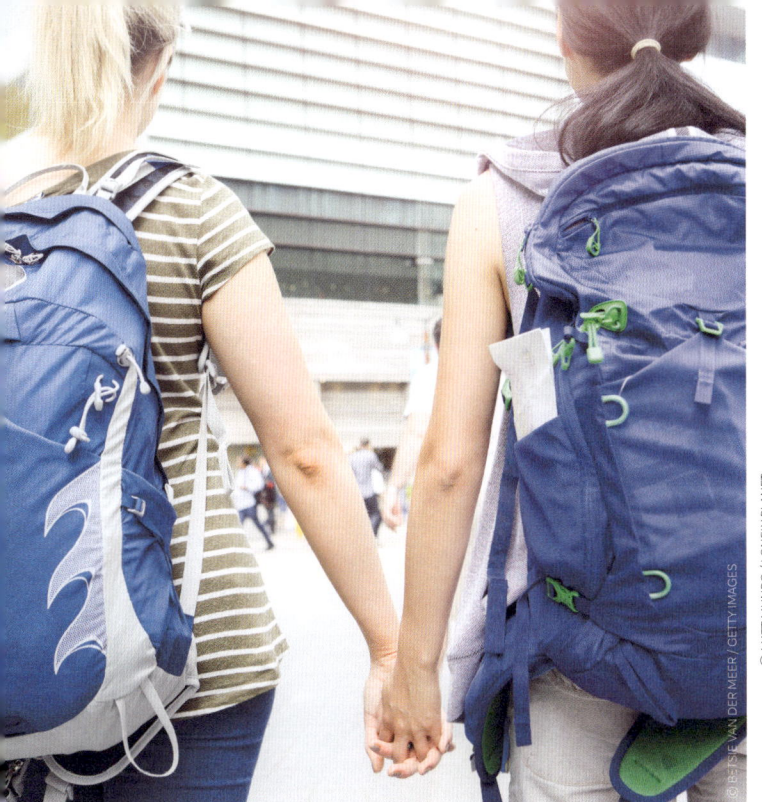

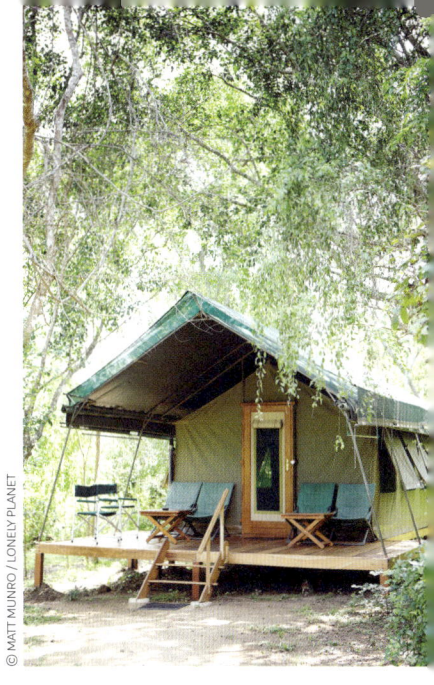

LINKS & OBEN Lasst euch nicht zum Kauf von Gepäck im Partnerlook überreden, sondern überlegt, was euch wirklich wichtig ist. Wenn ihr am liebsten zeltet, warum für ein Luxushotel bezahlen?

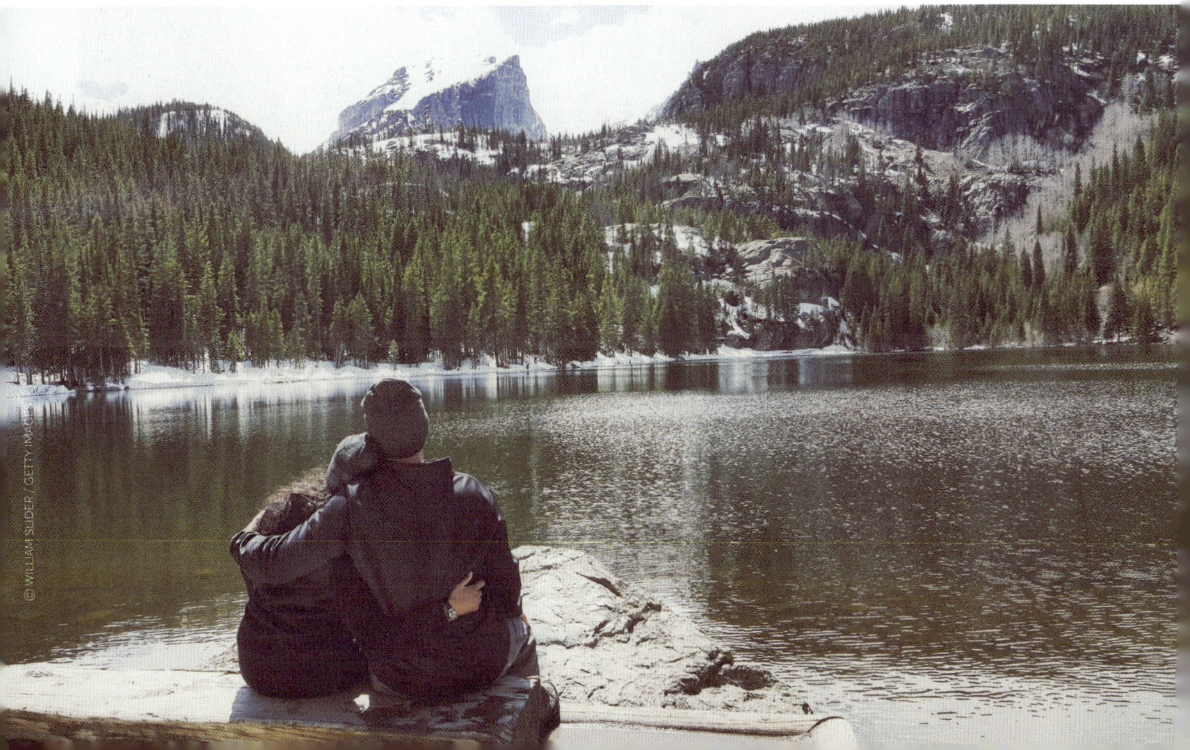

© WILLIAM SLIDER / GETTY IMAGES

DIE KUNST DES KOMPROMISSES

Die meisten Paare kennen sich bereits gut, wenn sie heiraten, und sind es gewohnt, im Alltag Kompromisse zu schließen. Aber gemeinsam zu reisen ist etwas anderes. Außerhalb der Komfortzone entdeckt man plötzlich ganz neue Dinge am Partner. Vielleicht habt ihr im täglichen Leben dieselben Ideale, aber völlig andere Vorstellungen, wenn es um Abenteuer geht?

UNTEN Wenn du den Schnee liebst, dein Partner aber den Strand, dann lotet kreative Zwischenstopp-Optionen aus.

© TOM ROBINSON / LONELY PLANET

KOMPROMISSE STATT OPFER

Wenn du ein sportlicher Adrenalinjunkie bist, dein Partner aber eher auf Architektur steht, schlag keinen Strandurlaub vor, den keiner von euch wirklich genießen wird, nur um Streit zu vermeiden. Besser ist es, offen auszusprechen, was jeder sich von den Flitterwochen erhofft, und dann gemeinsam eine Reise zu planen, die beide glücklich macht.

DEM ANDEREN ZUHÖREN

Besprecht eure Liste mit Wunschzielen und hört einander dabei wirklich zu. Denkt daran, dass die Flitterwochen nicht eure einzige Gelegenheit sein werden, gemeinsam die Welt zu entdecken. Dieser Trip ist erst der Anfang.

DIE OPTIONEN EINGRENZEN

Macht eine Liste mit potenziellen Zielen und brecht diese dann immer weiter herunter. Achtet auf logistische Einschränkungen: Wer in Europa lebt und nur eine Woche Zeit hat, für den ist Neuseeland keine Option. Räumt einander ein Vetorecht ein: Vielleicht ist dein Partner ein Ski-Ass, du hingegen brichst schon beim Gedanken an vereiste Pisten in Schweiß aus. Keine Sorge: Neuseeland kommt auf die Liste zukünftiger Reisen, für die ihr mehr Zeit habt. Und Skifahren in die Rubrik „Wochenende mit Freunden", so wie der Shoppingtrip nach New York.

AB IN DIE FLITTERWOCHEN!

KREATIVE LÖSUNGEN FINDEN

Wenn es nur wenige Reiseziele in der Auswahl gibt, die ihr beide erkunden wollt, kann das Budget den Ausschlag geben. Falls ihr euch aber weder auf ein Land noch einen Kontinent einigen könnt, heißt es: kreativ werden.

Mischen möglich

Bei unterschiedlichen Traumzielen lassen sich eure Wünsche vielleicht mit Zwischenstopps auf beliebten Flugrouten befriedigen. Wenn du zum Beispiel die grellen Lichter von Tokio erleben willst (S. 82), dein Partner aber lieber ein oder zwei tropische Inseln umwandern will, könnt ihr durchaus beides in einer Reise vereinen. Auf dem Flug nach Bali einen Zwischenstopp in Japan einzulegen (oder umgekehrt) kann sogar preiswerter sein als der Direktflug. So bekommt ihr zwei Hochzeitsreisen – und zwei völlig unterschiedliche Erlebnisse – zum Preis von einer.

Ein Reiseziel, das Gegensätze vereint

Du willst deine Flitterwochen in Nordamerika verbringen, während dein Partner von Brasilien träumt? Dann lotet aus, was genau ihr in diesen Ländern machen wollt. Wenn es dir um einen unvergesslichen Roadtrip geht und dein Partner die üppige Vegetation des Regenwaldes erkunden will, bietet sich zum Beispiel Argentinien als Reiseland an (S. 130).

Tut, was ihr liebt

Wenn eure Reisevorstellungen einfach nicht zusammenpassen, überlegt, was ihr zu Hause gerne gemeinsam macht. Eine geteilte Leidenschaft für Fahrradtouren, Wein oder Musik könnte zu einer Radtour durch Südfrankreich, einer Weintour durch Südafrika (S. 53) oder einer musikalischen Reise nach New Orleans führen.

SELBSTGEWÄHLTE ROLLEN AKZEPTIEREN

Ist einer von euch ein Kontrollfreak und der andere eher im *mañana*-Modus? Oder wollt ihr beide die Reise planen? Ein Kompromiss bedeutet nicht notwendigerweise geteilte Verantwortung, aber ihr solltet euch in euren Rollen wohlfühlen. Wer darauf besteht, alles allein zu organisieren, darf sich nicht über die zusätzliche Arbeit beschweren. Und wer sich nicht an der Planung beteiligen will, darf nicht enttäuscht sein, wenn Entscheidungen ohne ihn getroffen werden.

Heute ein Bettler, morgen ein König

Wenn du dich nach Strich und Faden verwöhnen lassen willst, dein Partner aber lieber zeltet, räumt beiden Vorstellungen bei der Urlaubsplanung Platz ein. Nach ein paar Tagen im Schlafsack wirst du die Luxussuite noch mehr genießen. Und das beim Zelten gesparte Geld kannst du dann im Spa-Bereich verpulvern.

DIE REISE GENIESSEN

Bei der Planung der Flitterwochen geht es nicht nur um Ziele und Logistik – es geht auch um den Beginn der gemeinsamen Reise ins Eheleben. Natürlich wünscht ihr euch eine Reise voller Liebe und Lachen. Aber Vorsicht vor zu romantischen Vorstellungen – auch verspätete Flüge, Regentage und Magen-Darm-Viren gehören manchmal dazu. Hauptsache, ihr genießt eure gemeinsame Zeit. Pannen inklusive.

(FLITTERTAGE

Flitterwochen sind natürlich der perfekte Anlass, um einen längeren Urlaub zu beantragen als üblich, aber manchmal macht einem das Leben einen Strich durch die Rechnung und die lange Reise muss einfach noch warten. Was aber nicht heißt, dass die Flitterwochen ganz ausfallen müssen – sie werden nur zu Flittertagen verkürzt. Wenn ihr wenig Zeit, aber große Pläne habt, könnte dies euer Kapitel sein.

OBEN Marokko verspricht exotische Erlebnisse ohne langen Flug.

UNTEN Die Côte d'Azur und
Sizilien (ganz unten):
romantische Kurztrip-Ziele.

© JANE SWEENEY / GETTY IMAGES

LINKS Für Frisch-
vermählte aus den
USA bietet etwa das
kolumbianische
Cartagena Strände
und Kultur in einem.

© LOTTIE DAVIES / LONELY PLANET

© AARON GEDDES PHOTOGRAPHY / GETTY IMAGES

© MATT MUNRO / LONELY PLANET

WARUM FLITTERTAGE?

Es gibt verschiedene Gründe, sich
für Flittertage zu entscheiden.
Manche Eheleute in spe möchten
sich zum Beispiel noch vor der
Hochzeit eine kleine Auszeit gön-
nen. Dieser vielerorts zunehmende
Trend ist wie eine Art Luftholen
vor dem großen Tag: Man ist von
der Planung von Zeremonie und
Feier erschöpft und möchte einfach kurz verschnaufen und sein
inneres Gleichgewicht wiederfin-
den, bevor man „Ich will" sagt. Der
häufigere Grund ist natürlich, dass
man einfach nicht gleich nach der
Trauung auf große Fahrt gehen
kann – zum Beispiel wegen des
Jobs oder wenn man bereits
Kinder hat. In diesen Fällen werden
die Flittertage entweder zum
Hauptevent oder zum Platzhalter
für eine ausgedehnte Hochzeitsreise zu einem späteren Zeitpunkt.

AB IN DIE FLITTERWOCHEN!

DIE TRAUM-FLITTERTAGE PLANEN

Wohin, wie lange und wie weit?

Flittertage können ein Wochenende oder eine Woche dauern. Beachte bei der Planung folgende simple Regel: Die Zahl der Anfahrtsstunden sollte die Anzahl der Urlaubstage nicht überschreiten. Für einen viertägigen Kurzurlaub sollte der Flug also unter vier Stunden dauern. Diese Gleichung schützt vor zwei Dingen, vor lähmendem Jetlag und zu langer An- und Heimreise.

Stell dir bei der Auswahl des Reiseziels zwei Fragen:

• Unterscheidet sich mein Reiseziel genug von meinem Wohnort und meinem Alltagsleben, dass ich die Magie des Reisens verspüre?

• Unterscheidet sich mein Mini-Reiseziel so sehr von der zukünftigen „echten" Hochzeitsreise (falls du eine planst), dass der Kurztrip auch für sich gesehen ein besonderes Erlebnis ist?

Unterkunft

Manchmal ist ein Kurztrip die einzige Möglichkeit, in Sachen Unterkunft die nächste Preisstufe zu erklimmen. Wer seinen Aufenthalt verkürzt, kann so vielleicht in seinem Traumhotel absteigen, Wenn also an deiner Pinterest-Pinnwand eine ganz besondere Bleibe hängt, ist jetzt die Zeit gekommen, zu buchen!

Generell sollte man sich bei Flittertagen auf eine Unterkunft beschränken, um die kostbare Zeit nicht mit Hotelwechseln zu verschwenden und in dieses unangenehme Post-Check-out/Prä-Checkin-Vakuum zwischen 11 und 14 Uhr zu geraten. Reisende, die zwei verschiedene Umgebungen wünschen (etwa Strand und Stadt) sollten sich statt für einen Ortswechsel für ein Ziel entscheiden, das – wie zum Beispiel Lissabon – beides bietet.

Reiseverlauf

Wie Flitterwochen sollten sich auch Flittertage wie ein gutes Drehbuch lesen. Die Action sollte langsam ansteigen – man ist gerade dem hektischen Alltag entflohen und braucht einen Moment, um in den Urlaubsmodus zu schalten. Die Mitte der Reise ist dann das Fleisch im Hamburger: Erlebt alles, was auf eurer Checkliste steht (mit genügend Raum für spontane Entdeckungen) und macht Witze darüber, dass ihr Urlaub vom Urlaub braucht. Erst am Ende der Reise ist es Zeit, auf die Bremse zu treten.

Hier sollte ein besonderes Highlight stehen. Hat das Hotel einen Wellnessbereich? Super, nichts kuriert müde Beine so wirksam wie ein warmes Bad im Jacuzzi. Gibt es um die Ecke ein besonders gutes Restaurant? Wunderbar – bei einem langen, luxuriösen Dinner ist es Zeit, sich zu erinnern, worum es bei diesem Trip eigentlich geht: um euch. Entspannt, erfrischt und mit vielen erzählenswerten Erlebnissen im Gepäck geht es nun auf die Rückreise.

OBEN In einen Hochzeits-Kurztrip sollte man nicht zu viel hineinpacken.

OBEN UND RECHTS Geht raus und erkundet – aber lasst Raum für Spontanes.

AB IN DIE FLITTERWOCHEN!

IM AUSLAND HEIRATEN

IST EINE HOCHZEIT IN DER FERNE DAS RICHTIGE?

Oh, wie romantisch! Wer dort heiratet, wo andere Urlaub machen, kann seinen ganz persönlichen Märchentraum wahr werden lassen. Wie wär's z. B. mit einer Zeremonie am Strand unter Palmen, im Turm einer alten Burg oder in einer glitzernden Eiskapelle? Die meisten Wünsche lassen sich realisieren. Ihr könntet sogar eine Trauung beim Tauchen planen oder euch während eines Bungee-Sprungs das Ja-Wort geben.

RECHTS Wollt ihr euch beim Gedanken an eine große Familienfeier am liebsten vom Steg ins Wasser stürzen? Dann könnte eine Fernhochzeit die Lösung sein ...

© MAFELUPE / GETTY IMAGES

WARUM IM AUSLAND HEIRATEN?

Neben dem romantischen Aspekt gibt es noch jede Menge praktischer Gründe dafür, fern der Heimat den Bund der Ehe einzugehen – nicht zuletzt das Budget. Trotz der Reisekosten sind Hochzeiten im Ausland häufig viel preiswerter als zu Hause. Man muss meistens weniger Menschen bewirten und gerät weniger in Versuchung, sich teure Extras zu leisten. Außerdem gibt es verlockende Hochzeits-Gesamtpaket-Deals und der Ort der Wahl ist vielleicht generell günstiger. Und nicht zu vergessen: Die Flitterwochen kann man gleich dranhängen.

Eine Eheschließung im Ausland kann man individueller gestalten. Und man muss sich nicht mit starren Regeln und besserwisserischen Familienmitgliedern herumschlagen.

Trotzdem sollte man die möglichen Nachteile bedenken. So können wahrscheinlich nicht alle Freunde und Verwandte die Reise auf sich nehmen (was natürlich auch ein Vorteil sein kann ...). Aber man kann ja nach der Rückkehr eine große Party schmeißen. Auch zu beachten: der zusätzliche Papierkram.

WIE?

Eine Möglichkeit ist die Ausrichtung einer großen Hochzeitsfeier mit vielen Gästen im Ausland.

Ihr könnt aber auch einfach durchbrennen und die Hochzeit als euer Geheimnis betrachten. Das kostet natürlich viel weniger, auch wenn ihr in einem Fünf-Sterne-Hotel absteigt. Und ihr könnt von der Zeremonie ein Video drehen – ein wachsender Trend –, um die Menschen zu Hause daran teilhaben zu lassen. Aber Vorsicht: Eine Hochzeit zu zweit fühlt sich vielleicht nicht so bedeutend an wie eine große Feier.

WO?

Die Welt liegt euch zu Füßen. Beliebt sind die Fidschi-Inseln, Bali, Italien, Thailand und die Karibik – diese Orte sind schon auf ausländische Hochzeiten eingestellt, die Organisation ein Kinderspiel. Viele Hotels in diesen Regionen bieten sogar spezielle Hochzeitspakete an. Wer die Location im Vorfeld abchecken möchte, sollte nicht zu weit in die Ferne schweifen, aber Hochzeitsplaner vor Ort und Skype können auch dieses Problem lösen.

WANN?

Du hast dich für eine Traum-Location entschieden. Aber hast du auch das Wetter überprüft? Eine Strandhochzeit ist in der Hurrikan-Saison vielleicht nicht ganz so romantisch, aufwendige Hochsteckfrisuren und Schminke lösen sich bei hoher Luftfeuchtigkeit gerne auf, und das hübsche Kleid mit Spaghettiträgern bringt mitten im Winter jede Braut zum Frösteln. Auch die Schwankungen der Flugpreise könnten ein Faktor sein – wenn eure Gäste an Feiertagen fliegen sollen, wird es für sie schnell sehr teuer.

© CAROLINE VON TUEMPLING / GETTY IMAGES

OBEN Wer eine Strand-
hochzeit plant, sollte sich
vorher vergewissern,
dass der Hochzeitstermin
nicht mitten in der
Monsun- oder
Hurrikansaison liegt.

© DANNY LEHMAN / GETTY IMAGES

© MARK READ / LONELY PLANET

LINKS Informiert euch über
die aktuelle Rechtslage.
Entgegen gängiger Vorstellung kann man in Las Vegas
nicht einfach auflaufen und
vom Fleck weg heiraten.

Heirat im Ausland: Rechtslage

In manchen Ländern
darf man nur heiraten,
wenn man dort gewohnt
hat. In einem solchen
Fall kann man zu Hause
aufs Standesamt gehen
und sich im Ausland
kirchlichen Segen holen.

—

Die gleichgeschlecht-
liche Ehe ist nicht
überall legal.

—

Welche Unterlagen man
braucht, hängt vom
Land ab, aber oft wer-
den Geburtsurkunden,
Pässe, Scheidungspa-
piere (falls relevant),
Todesurkunden (bei
Verwitweten) oder ein
Ehefähigkeitszeugnis
verlangt. Diese Urkun-
den müssen eventuell
übersetzt werden.

—

Wer den Namen des
Partners annimmt, kann
nur mit neuem Namen
reisen, wenn der Pass
vorher geändert wurde.

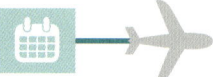

© JRYKI SALONEN / SJTM / 500PX

★ Schnee gibt Hochzeitsreisen in den hohen Norden Glanz – Lappland und Alaska bieten Nordlichter und Action

★ Um Indien herum und im südöstlichen Asien ist das Wetter in diesen Monaten größtenteils herrlich, z. B. in Kerala, Sri Lanka, an der Westküste Thailands oder auf den Malediven

★ Die Karibik ist jetzt hurrikanfrei, mild und wunderschön. Luxus findet sich auf St. Lucia, Abenteuer in Costa Rica

★ Hochsommer auf der südlichen Halbkugel: Autotouren durch Neuseeland oder Südaustralien (im Norden ist es jetzt nass), Verliebt sein in Patagonien, Karnevalstreiben in Brasilien

★ Kapstadt ist eine coole Wahl! Einige Regionen in Südafrika sind zu dieser Zeit regnerisch, in Botswana oder Sambia sind die Safaris preiswerter und grüner – Regenschirm einpacken!

FLITTERWOCHENKALENDER: WANN WOHIN?

 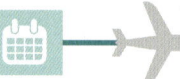

© PETE SEAWARD / LONELY PLANET

★ Europa erwacht aus dem Winterschlaf! Paris, Rom, die andalusischen Berge, die Toskana oder die türkische Küste

★ Auch Nordamerika wird langsam wärmer – Zeit für Städtetrips nach Texas und Hawaii

★ Indien schwitzt (bietet aber Tiger-Watching); Indochina steuert auf die Monsunsaison zu – besser nach Indonesien

★ Im Afrika südlich der Sahara ist es trocken und heiß, auf Mosambiks Inseln und in Marokko hingegen ideal

★ Zentralamerika und die Karibik werden mit nahender Regenzeit günstiger. Wie wär's mit Antiguas Stränden oder Kubas Kultur?

★ Südlich des Äquators bricht der Herbst an – ideal für Entdeckungsreisen. Auf zur Weinernte im argentinischen Mendoza-Tal oder im australischen Hunter Valley

★ Kirschblüte in Japan, angenehmes Wetter in China

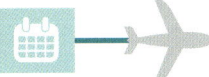

JUNi-AUGUST

★ Nun sind die europäischen Hotspots am Zug – Sonnenanbeter testen Mallorcas Norden, Bergseen und abseits gelegene griechische Inseln. In Skandinavien sind die Tage lang und zauberhaft
★ Hauptreisezeit in Peru – es ist trocken und warm, aber auch die kühlste (und beliebteste) Zeit, um auf den Spuren der Inkas zu wandeln. Ecuador und Bolivien sind auch zu empfehlen
★ Australiens Norden ist trocken; Queensland ideal im australischen „Winter". Und Neuseeland bietet Skipisten!
★ Perfekte Südsee: z. B. Französisch-Polynesien, Fidschi, Tonga
★ Nordamerika? Eine Tour durch die Nationalparks, Küstenfans wählen Cape Cod, Nordkalifornien oder Nova Scotia
★ Bali ist brillant, Borneo auch. Die Seychellen? Windig, aber grandios.
★ Safari-Saison in Afrika – es ist trocken und man sieht viele Tiere; in der Masai Mara in der Serengeti ist die große Tierwanderung

Bei der Planung kommt es vor allem aufs richtige Timing an.

SEPTEMBER-NOVEMBER

★ Milde Temperaturen und Ende der Schulferien: Europa ist jetzt traumhaft, etwa Barcelona, Sizilien, Umbrien, die kroatische Küste, Cornwall oder die Weinberge der Provence
★ Herbstlaub-Farbenrausch in Neuengland, Québec und Japan; nach dem Labor Day ist an den US-Hotspots viel weniger los
★ Frühling in Südafrika – wunderbar an der Garden Route; in Namibia kann man viele Tiere beobachten
★ Indien und Nepal trocknen langsam und über dem Himalaja klärt sich der Himmel auf; Rajasthan ist eine Reise wert
★ Die asiatischen Monsune lassen im Oktober nach – jetzt sind die Philippinen, Vietnam oder Laos angesagt
★ Omans Küste und die Wüste Jordaniens sind ein kühler Genuss
★ Frühling in Rio und Buenos Aires; die beste Zeit, um im brasilianischen Pantanal wilde Tiere zu beobachten

AB iN DiE FLiTTERWOCHEN!

DAS FLITTERWOCHEN-QUIZ

Keinen Plan, wo ihr bei der Planung ansetzen sollt?
Mit diesem Quiz findet ihr heraus, welche Art von Reise zu euch passt.

1. WIE WÜRDEST DU DEINE LEBENSEINSTELLUNG BESCHREIBEN?

a) Voller Herausforderungen: Ich setze mir immer neue Ziele
b) Ruhig und beständig: Ich finde Routine beruhigend
c) Supersozial: Ich lerne gerne neue Leute kennen
d) Spontan. Ich probiere alles mal aus

2. WELCHES TIER ENTSPRICHT DIR AM EHESTEN?

a) Elefant
b) Delfin
c) Katze
d) Pferd

3. WAS IST DAS SOZIALE NETZWERK DEINER WAHL?

a) Facebook. Ich zeige meinen Lieben gern, was ich gerade tue
b) Pinterest: Ich träume immer schon vom nächsten Projekt
c) Twitter: Ich brauche die neusten Nachrichten und Trends
d) Instagram: Ich teile gerne Fotos von dem, was ich gerade sehe

4. WAS FÜR EINE KAMERA BESITZT DU?

a) GoPro
b) iPhone
c) Analoge Vintage-Filmkamera
d) Digitale Spiegelreflexkamera

5. ES IST SAMSTAGABEND. WAS TRINKST DU?

a) Nur Wasser. Ich muss morgens zum Joggen fit sein
b) Ein paar Cocktails mit Freunden
c) Eine Flasche Rotwein zum Essen
d) Ein paar Bier im Garten

6. WAS LIEST DU GERADE?

a) Ich höre mir auf dem Weg zur Arbeit ein Audiobook/einen Podcast an
b) Einen Roman und ein Buch über Achtsamkeit
c) Die Nachrichten auf meinem Smartphone
d) Eine Reisezeitschrift

7. DU MUSST IM SUPERMARKT EINKAUFEN. WIE GEHST DU VOR?

a) Ich entscheide vor Ort, was ich brauche
b) Ich bestelle online und lass alles liefern
c) Ich schreibe eine Einkaufsliste und hake sie ab
d) Ich merke mir alles, was ich brauche, im Kopf

8. WELCHEN DIESER FILME FINDEST DU BESONDERS ROMANTISCH?

a) True Romance
b) Dirty Dancing
c) Die fabelhafte Welt der Amélie
d) Brokeback Mountain

9. WAS WÜRDEST DU DIR MEHR VON DEINEM PARTNER WÜNSCHEN?

a) Aktivitäten planen
b) Mich massieren
c) Theaterkarten besorgen
d) Sich Zeit nehmen, um mir zuzuhören

10. WAS MACHST DU AM LIEBSTEN AN EINEN FREIEN TAG MIT DEINEM PARTNER ZUSAMMEN?

a) Einen Tagesausflug, um etwas Neues zu entdecken
b) Ein Picknick im Park
c) In der Stadt abhängen
d) Eine Radtour in der Natur

11. WAS FÜR GEPÄCK NIMMST DU NORMALERWEISE IN DEN URLAUB MIT?

a) Einen kleinen leichten Rucksack, der mich nicht stört
b) Einen Riesenkoffer
c) Ein kleines Bordcase, das ich nicht einchecken muss
d) Einen großen Rucksack samt Erste-Hilfe-Set und Moskitonetz

12. WAS IST FÜR DICH DAS IDEALE URLAUBSWETTER?

a) Mir ist alles recht, solange es mich nicht behindert
b) Hitze, Hitze, Hitze. Mir kann es gar nicht warm genug sein
c) Blauer Himmel, Schönwetterwolken, kühle Brise
d) Ich liebe sowohl ruhiges als auch stürmisches Wetter

13. DU HAST EINE WOCHE STRANDURLAUB GEBUCHT. WORAUF FREUST DU DICH AM MEISTEN?

a) Hummer selber fangen
b) Eine Ganzkörpermassage
c) Endlich genug Zeit zum Lesen
d) Zwei Palmen, eine Hängematte und eine Kokosnuss

14. DU MACHST EINEN KURZURLAUB. WAS TRÄGST DU AN DEN FÜSSEN?

a) Wanderstiefel
b) Sandalen
c) Turnschuhe
d) Nichts

15. WAS IST DEINE GRÖSSTE ANGST IM URLAUB?

a) Mich langweilen
b) Eine Spinne im Waschbecken
c) Eine Schlange auf dem Weg
d) Überall Menschenmassen

16. WIE STELLST DU DIR EINEN KULTURTRIP VOR?

a) Sechs Stunden auf dem Dach eines Busses, vollgepackt mit Menschen und Hühnern
b) Ein gutes Buch am Strand
c) Eine geführte Tour zu prähistorischen Höhlenmalereien
d) Gorillas in freier Natur beobachten

17. WAS IST AM ROMANTISCHSTEN?

a) Bei Sonnenaufgang auf einem Berg frühstücken
b) Bei Sonnenuntergang am Strand Bier trinken
c) Ein Abendessen im Mondlicht
d) Unterm Sternenhimmel einschlafen

18. WAS ENTSPRICHT DEINER VORSTELLUNG VON EINEM ADRENALINKICK?

a) In 3000 m Höhe aus einem Flugzeug springen
b) Jemand anderem beim Wasserskifahren zusehen
c) Auf der Spitze des Empire State Building stehen
d) Downhill mit dem Bike

19. WELCHE UNTERKUNFT FINDEST DU ROMANTISCH?

a) Zelt
b) Strandhütte
c) Apartment im Loft-Stil
d) Baumhaus

20. WAS WÜRDEST DU AM EHESTEN VON DEN FLITTERWOCHEN MIT NACH HAUSE BRINGEN?

a) Ein Stück vulkanisches Gestein
b) Sonnenbräune
c) Ein indigenes Kunstwerk
d) Die neu gewonnene Fähigkeit, Vogelstimmen zu imitieren

AUSWERTUNG
HIER ENTLANG
⟫⟶

 AB IN DIE FLITTERWOCHEN!

AUSWERTUNG

VORWIEGEND A'S – AUF ZUM ACTION-ABENTEUER

Nach der Aufregung des Hochzeitstags suchst du Flitterwochen, die den Rausch weiterführen. Ob Klettern in den kanadischen Rocky Mountains (S. 126), Fallschirmspringen in Neuseeland (S. 90) oder Skifahren in der Schweiz: Eine adrenalingesteuerte Hochzeitsreise ist das, was dir vorschwebt. Du lebst und liebst intensiv und kannst dir nichts Romantischeres vorstellen als den Blick vom gerade erklommenen Berggipfel.

VORWIEGEND B'S – FLUCHT INS PARADIES

Das Schöne an Strand-Flitterwochen ist, dass niemand etwas von dir will. Egal, ob du in einem Fünf-Sterne-Resort auf den Malediven (S. 78), in einer mallorquinischen Villa oder in einer Strandhütte irgendwo in Südostasien (S. 66) unterkommst: Auf dieser Hochzeitsreise kannst du ausschlafen, in der Sonne dösen und Siestas einlegen. Es geht darum, die kleinen Freuden des Lebens zu genießen – den Sand zwischen deinen Zehen, den Duft von Sonnencreme, das sanfte Plätschern der Wellen. Entspannung. Pur.

VORWIEGEND C'S – REISEN BILDET

Damit sich die Spannung nach der Hochzeit nicht abbaut, möchtest du Flitterwochen, die dich interessieren, beschäftigen und unterhalten. Ob moderne Architektur in Shanghai, alte Paläste in Andalusien (S. 146) oder Inka-Ruinen in Machu Picchu: Du hast Lust, neue Orte zu entdecken und andere Kulturen und Lebensweisen kennenzulernen – zusammen mit deinem Partner.

VORWIEGEND D'S – ZURÜCK ZUR NATUR

Für dich bedeutet Romantik, die Schönheit der Welt um dich herum zu erleben. Wie wär's also mit einer maßgeschneiderten Safari in Tansania (S. 36) oder einem Backpacker-Abenteuer in Borneo? Wo immer deine Hochzeitsreise dich auch hinführt: Du willst draußen sein, wenn die Sonne aufgeht, den Regen auf deiner Haut spüren und das Lagerfeuer knistern hören, wenn ihr gemeinsam unter dem Sternenhimmel einschlaft.

DiE PERFEKTE SAFARi AUSWÄHLEN

Die Wildnis Afrikas wird nicht erst seit dem Film „Jenseits von Afrika"
mit Romantik verbunden, dazu kommt das breite Spektrum an Luxus-
Safaricamps für traumhafte Nächte unter Sternen: Der afrikanische
Busch ist ein Top-Flitterwochenziel. Allerdings gibt es eine verwirrende
Zahl von Angeboten für die unterschiedlichsten Wünsche und
Bedürfnisse. Hier kommen fünf der besten Afrika-Touren.

OBEN Afrikas
Große Tierwande-
rung ist ein einmali-
ges Reiseerlebnis.

RECHTS Elefanten
gehören zu den
Big Five, die man
auf einer Safari
sehen kann.

DIE BIG FIVE

Serengeti-Nationalpark, Tansania
Wer von der afrikanischen Savanne träumt, hat meist die Serengeti vor Augen – die berühmte Steppenlandschaft, gesprenkelt mit den typischen oben abgeflachten Akazien, den „Kopje"-Granitfelsen und natürlich mit Vertretern der Big Five (Löwe, Leopard, Elefant, Nashorn und Büffel). Auch dank fantastischer Unterkünfte ist die Serengeti perfekt für Flitterwochen.

Wie das Masai Mara Reserve in Kenia ist der Park berühmt für die jährliche Große Migration, bei der mehr als eine Million Gnus und Hunderttausende Zebras auf der Suche nach frischem Gras Tausende von Kilometern zurücklegen. Sie gilt als eins der beeindruckendsten Naturschauspiele der Erde.

Unterkunft: Serengeti Bushtops Camp (www.bushtopscamps.com/serengeti)
Beste Reisezeit: Januar/Februar, um die Gnus in der südlichen Serengeti beim Kalben zu beobachten; Juni–September zum allgemeinen Beobachten von Wildtieren, die Große Tierwanderung bewegt sich Juni/Juli in den westlichen Korridor.
Malariaprophylaxe angeraten? Ja

Kruger-Nationalpark, Südafrika
Kruger gilt als eines der besten Safariziele Afrikas – die Vielfalt und riesige Anzahl seiner Tiere ist kaum zu toppen. Der Park, der viel weniger exklusiv ist als andere, wird von einem riesigen Straßennetz durchzogen, auf dem man (erstaunlicherweise) auf eigene Faust die Wildnis erkunden darf. Geführte Aktivitäten mit gutem Preis-Leistungs-Verhältnis werden natürlich auch angeboten. Was die angenehmen Unterkünfte der South African National Parks (SANParks) an Privatsphäre vermissen lassen, machen sie in Bezahl- und Verfügbarkeit wett (auch gut geeignet für Familien-Flitterwochen). Gönnt euch am Ende der Safari ein oder zwei Nächte in einer Luxus-Lodge im Park oder im benachbarten Sabi Sand Game Reserve.

Unterkunft: Olifants Rest Camp (www.sanparks.org/parks/kruger/camps/olifants)
Beste Reisezeit: Das ganze Jahr; beste Tiersichtungen Mai–September
Malariaprophylaxe angeraten? Ja

© MICHAEL HEFFERNAN / LONELY PLANET

OBEN VON LINKS Botswana ist das beste Ziel für Luxussafaris; die Begegnung mit Gorillas in Ruanda ist magisch; in Namibia kann man auf eigene Faust durch spektakuläre Landschaften fahren.

FÜR ABENTEURER

Namibia

Macht euch auf, nur ihr zwei, zu einer Safari auf eigene Faust in der vielleicht spektakulärsten Landschaft Afrikas. Manchmal wird es euch vorkommen, als hättet ihr das dünn besiedelte Land ganz für euch allein – einfach, weil es so menschenleer scheint. Bei der Fahrt durch hohe Dünen, gewundene Felscanyons und zwischen Afrikas exotischen Tieren selbst hinterm Steuer zu sitzen, fühlt sich großartig an und lässt einen gleichzeitig ganz demütig werden. Wenn ihr dann jede Nacht in der Wildnis über eine Leiter auf das Zeltdach eures Jeeps klettert und in den fantastischen Sternenhimmel blickt, ist das Safari-Erlebnis perfekt.

Unterkunft: Safari Drive (www.safaridrive.com/destinations/namibia)
Beste Reisezeit: April/Mai oder September/Oktober
Malariaprophylaxe angeraten? Für einen Urlaub an der Küste oder südlich von Windhoek normalerweise nicht empfohlen

© PETER VAN DER BYL / GETTY IMAGES

FÜR LUXUSLIEBHABER

Okavango-Delta, Botswana
Wenn die Überflutung auf dem Höhepunkt ist, breitet sich das Okavango-Delta spektakulär auf über 22 000 km² aus. Es gibt allerdings nur ein paar Dutzend Lodges, um diese erstaunliche Landschaft inklusive der darin lebenden Wildtiere hautnah zu erleben. Das Delta ist Afrikas exklusivstes Big-Five-Safari-Gebiet und die Preise sind entsprechend hoch. Die Safari-Lodges sind erlesen ausgestattet, schaffen es aber erstaunlicherweise trotzdem, authentisches Wildnisflair zu verströmen. Die geführten Touren in Jeeps mit offenem Verdeck, Booten und traditionellen *mekoro* (Einbaum-Kanus) sind einfach spitze.

Unterkunft: Mombo Camp (www.wilderness-safaris.com/camps/mombo-camp)
Beste Reisezeit: Juni–August ist die wasserreiche Zeit
Malariaprophylaxe angeraten? Malaria kommt zwar selten vor, eine Prophylaxe wird aber normalerweise empfohlen

FÜR GORILLA- UND SCHIMPANSEN-BEGEGNUNGEN

Ruanda
Sich auf die Suche nach vom Aussterben bedrohten Berggorillas zu machen, ist nicht das, was die meisten Menschen mit einer Safari verbinden. Aber sich auf den nebelbedeckten Hängen des Volcanoes-Nationalparks auf die Suche nach den Affen zu machen, ist ein unvergleichliches Naturerlebnis. Und die erstaunlichen Tiere dann endlich zu sehen, ist eine Naturerfahrung fürs Leben – und ein magischer Start in die Ehe. Man braucht für eine solche Safari eine Genehmigung, die man mehrere Monate im Voraus beim RDB Tourism and Conservation Reservation Office einholen sollte.

Anschließend bietet sich ein Besuch im Nyungwe-Nationalpark an, wo man durch dichten Wald stapft, um einem unserer nächsten Verwandten zu begegnen: Schimpansen. 2017 war es (zum ersten Mal seit Jahrzehnten) auch wieder möglich, die Big Five in Ruanda zu sehen, da Nashörner in den Akagera-Nationalpark ausgewildert wurden.

Unterkunft: Sabyinyo Silverback Lodge (www.governorscamp.com)
Beste Reisezeit: Dezember–Februar und Juni–September sind die trockensten Monate und am besten für Gorilla-Trips, Schimpansen spürt man am leichtesten in der Regenzeit auf
Malariaprophylaxe angeraten? Ja

TOP 10 BUDGET-HOCHZEITSREISEN

LINKS Der Djemaa El-Fna in Marrakesch; RECHTS Sogar Budget-Reisende können sich Vietnams pittoreske Halong-Bucht leisten.

 INDIEN

Das lange als Budget-Reiseland geltende Indien ist zwar teurer geworden, aber noch erstaunlich erschwinglich. Opulente „Palace On Wheels"-Züge haben ihren Preis, aber Erste-Klasse-Tickets von India Rail sind bezahlbar – eine Übernacht-Fahrt von Delhi nach Udaipur kostet um 17 Euro in der zweiten Klasse und nur 9 Euro mehr im Erste-Klasse-Schlafwaggon.

1 **MAROKKO**

Arabische Exotik, duftende Gewürze – und wunderbar niedrige Preise: Marokko ist in der Rubrik Spar-Romantik kaum zu überbieten. Marrakesch, Fès und Essaouira bieten atmosphärische Altstädte mit jeder Menge billiger Cafés. Lasst euch durchs Labyrinth der Souks treiben – von Teppichen bis zu *babouches* (Slippern) gibt es hier alles zu kaufen. Umgebaute Riads (traditionelle Häuser mit Innenhof) bieten stilvolle authentische Unterkünfte – einige eher teuer, viele aber auch erstaunlich preiswert. Hier kann man auch mit kleinem Budget wie ein König wohnen.

3 **VIETNAM**

Man kann im Street-Food-Paradies Vietnam unter 10 Euro pro Tag ausgeben – und trotzdem königlich speisen. Probiert unbedingt die Klassiker *pho bun cha* (gegrilltes Schweinefleisch mit Reisnudeln) und *chow a bánh mì* (Baguette), während ihr durch die Straßen flaniert. Wer etwas mehr investiert, bekommt für sein Geld Gästehäuser mit mehr Flair, eine bessere Schiffstour in der Halong-Bucht, tolle Erlebnisse (Kochkurs, Fahrradtour in Hoi An) und hat immer noch genug Kleingeld für Erholung am Strand der wunderschönen Insel Phu Quoc.

OBEN Im indischen Rajasthan fährt man mit Bündeln von Rupien-Scheinen Zug.

© BY WILDESTANIMAL / GETTY IMAGES

6 HONDURAS

Honduras ist das beste Budget-Reiseland in Zentralamerika. Essen und Unterkünfte sind ebenso bezahlbar wie die Tauchkurse. Einen solchen kann man zum Beispiel auf der Insel Utila machen – oder einfach am Karibischen Meer entspannen. Die nahen Inseln Cayos Cochinos bieten die meiste Romantik. Danach geht's zu den Maja-Ruinen von Copán und zum Nationalpark Pico Bonito.

© SEAN PAVONE / GETTY IMAGES

5 INDONESIEN

In Indonesien gibt es Zimmer ab 350 000 Rupien – was zum Glück nur 22 Euro sind! Auch Hochzeitsreisende mit kleinem Geldbeutel können sich also jede Menge Spaß leisten. Das beliebte Bali bietet tolle Strände, Boutiquehotels, Kultur in Ubud und sensationelle Surf-Hotspots. Aber es gibt noch 17 000 weitere Inseln! Wie wär's etwa mit Lombok und den Gili-Inseln, Kultur und Vulkanen auf Java oder Urwaldabenteuern auf Sumatra?

© DANNY JACOB / 500PX

4 PORTUGAL

Portugal wirkt befreiend. Denn die kleinen Alltagssorgen – ist dieses Café zu nobel für uns? Können wir uns noch einen Kaffee leisten? – gibt es hier einfach nicht. Sogar in gehobenen Lokalen kostet der Espresso meist unter einem Euro und ein Bier nicht mehr als zwei. Einem zweiten *pastel de nata* (die schlicht göttlichen Vanilletörtchen) steht also nichts im Wege. Dazu gibt es entzückende *casas* und umgebaute Bauernhöfe für um die 80 Euro pro Nacht.

© ROBERT ECKART / 500PX

7 KAMBODSCHA

Kambodscha ist die glückliche Kombination aus atemberaubenden Sehenswürdigkeiten und kontofreundlichen Preisen. Ein 7-Tage-Ticket für Angkor Wat kostet 50 Euro – was ziemlich hoch ist im Vergleich zum Preisniveau, aber lächerlich niedrig für eine Woche voller Entdeckungen in einem Riesenareal mit Urwald und Unesco-Tempeln. Billiges Bier (1 Euro), preiswerte Mahlzeiten (2 Euro) und besser werdende Budget-Unterkünfte sind das Sahnehäubchen.

AB IN DIE FLITTERWOCHEN!

OBEN Bulgarien bietet einige der preiswertesten Skigebiete Europas.

8 BULGARIEN

Nicht das naheliegendste Flitterwochenziel, aber das ganze Jahr über eine preiswerte Option. Die Hauptstadt Sofia bietet genug für Stadt-Fans, Sonnenanbeter vergnügen sich am Schwarzen Meer: weicher Sand und Bier für 2 Euro! Bansko und Borovets, die Skigebiete mit dem besten Preis-Leistungs-Verhältnis in Europa, bieten Pisten aller Levels plus familiäre Pensionen, rustikale Tavernen und (dank des billigen Biers) lebhaften Après-Ski.

9 SÜDAFRIKA

Safaris sind meist nicht günstig, sparen kann man aber, indem man auf den auch mit normalen Autos befahrbaren Pisten im Kruger-Nationalpark selber fährt und in Camps übernachtet. Das Essen im Land ist günstig und die Unterkünfte sind so zahlreich, dass für jedes Konto etwas dabei ist. In den Hotels der Weingüter am westlichen Kap bekommt man für sein Geld mehr als in den meisten anderen Weinregionen der Erde. Der beste Deal? Der Zug Shosholoza Meyl Sleeper fährt praktisch auf derselben malerischen Route zwischen Johannesburg und Kapstadt wie der luxuriöse Blue Train, kostet aber nur ein Zwanzigstel.

10 PUERTO RICO

Auf den hispanischen Inseln bekommt man in der paradiesischen, aber teuren Karibik das meiste für sein Geld. In Puerto Rico gibt es bezahlbare Gästehäuser und Resorts mit Supersand sowie jede Menge Historie – die Hauptstadt San Juan ist eine der ältesten Städte Amerikas. Zusätzliche Flitterwochen-Magie bieten nächtliche Kajaktouren mit leuchtendem Plankton in der Bioluminescent Bay. Wer sparen will, sollte im Mai reisen, denn von Mai bis Anfang Dezember sind die Preise wegen der Hurrikan-Saison (die aber eigentlich erst im Juni losgeht) bis zu 40% niedriger (S. 94).

OBEN Im südafrikanischen Kruger-Nationalpark bekommt man als Selbstfahrer Löwen zum Spartarif vor die Kameralinse; RECHTS Puerto Ricos Hauptstadt San Juan.

TRAUMREISE ZU TEUER? *Wie wär's damit?*

BHUTAN ZU TEUER?

Probier's mit Nepal

Wem Bhutans Touristen-Zwangstarif in Höhe von 250 US-$ zu hoch ist, der sollte nach Nepal reisen, wo ebenfalls die atemberaubende Berglandschaft und die Tempelkultur des Himalaja warten, aber zum Bruchteil des Preises.

ITALIEN ZU TEUER?

Probier's mit Kroatien

Wer die Adriaküste in Kroatien bereist, kommt mit weniger Geld weiter als in Italien, und auch die Weintouren in Istrien (mit über 100 Weingütern) sind deutlich preiswerter als in der Toskana (S. 150).

BOTSWANA ZU TEUER?

Probier's mit Namibia

Auch Namibia bietet Tiere in freier Wildbahn, die Wildnis des Landes ist aber dank guter Straßen – die auch für Selbstfahrer mit Auto ohne Vierradantrieb geeignet sind – einfacher (und preiswerter) zu entdecken.

GALAPAGOS-INSELN ZU TEUER?

Probier's mit Ecuador

Die Galapagosinseln sind ein teurer Reisezusatz. Frischvermählte mit kleinem Budget könnten auf dem Festland bleiben und die Isla de la Plata (Spitzname „Poor Man's Galapagos") besuchen.

MALEDIVEN ZU TEUER?

Probier die Andamanen

Diese kleinen Inseln unter indischer Verwaltung im Golf von Bengalen sind preiswert und haben den zusätzlichen Reiz, dass nicht jeder sie kennt.

AB IN DIE FLITTERWOCHEN!

TOP 5

JENSEITS-AUSGETRETENER-PFADE-ZIELE

UNTEN Gefühlt am Ende der Welt: die Fam Islands von Raja Ampat.

© PAUL KENNEDY / GETTY IMAGES

1 RAJA AMPAT, INDONESIEN

In diesem Archipel aus etwa 150 Inseln in Westneuguinea kommt man sich vor wie am Ende der Welt. Hier trifft man hartgesottene Abenteurer, es lohnt sich aber für Paare, die eine verführerische tropische Szenerie mehr schätzen als Fünf-Sterne-Luxus. Unberührte Korallenriffe und eine unglaubliche maritime Artenvielfalt machen den Ort zum Taucherparadies.

2 DER BALKAN

Der Balkan ist teilweise immer noch erstaunlich untouristisch. Erholung am Wasser gibt's in der montenegrinischen Bucht von Kotor und am Skutarisee, Albanien bietet Wanderungen in den spektakulären Nordalbanischen Alpen und goldene Strände, der Kosovo Weltkulturerbe-Klöster und Mazedonien Weinberge und den Sonnenuntergang am Ohridsee.

3 TAIWAN

Der Inselstaat gilt nicht gerade als asiatischer Hotspot für Hochzeitsreisen, wartet aber mit erstaunlicher Vielfalt auf. Hier findet man tropische Wälder und Bergwanderwege aus der Kolonialzeit, legendäre Nachtmärkte, lebendige Tempel und interessante Folklore – und das alles auf einem Gebiet vor der südöstlichen Küste Chinas, das kaum größer ist als eine Briefmarke.

©LINKA A ODOM / GETTY IMAGES

4 JORDANIEN

Archäologie-Fans schätzen das relativ liberale Nahost-Land wegen seiner religiösen und archäologischen Stätten, aber angesagtes Flitterwochenziel? Fehlanzeige! Dabei ist kaum etwas romantischer als Petras antike Ruinen bei Kerzenlicht, ein Bad bei Sonnenuntergang in einem Luxus-Spa am Toten Meer oder eine Nacht am Lagerfeuer in den Sanddünen von Wadi Rum.

© MARK READ / LONELY PLANET

5 PANAMA

Panamas Flitterwochen-Charme aus glorreichen karibischen Stränden und lässigem Urlaubsflair ist noch ein Geheimtipp. Frischvermählte tauchen ein in die Alt-trifft-Neu-Atmosphäre von Panama Stadt und begegnen am Kanal tropischer Fauna. Danach geht's zu den Kaffeeplantagen in den Bergen, gefolgt von Entspannung an den Stränden von Bocas del Toro oder den San-Blás-Inseln, die vom indigenen Volk der Kuna verwaltet werden.

© MATT MUNRO / LONELY PLANET, © JUSTIN FOULKES / LONELY PLANET, © MARON GEDGE / LONELY PLANET, © MENZAUN / GETTY IMAGES, © MARK READ / LONELY PLANET

TOP 5 LUXUS-FLITTERWOCHEN

Côte d'Azur, Frankreich

Wem eine glamouröse Hochzeitsreise vorschwebt, der ist an der Französischen Riviera genau richtig. Hier kann man durch pittoreske Dörfer wie Cassis schlendern, in den Altstädten atmosphärischer Städte wie St. Tropez gute Weine verkosten und in Spitzenrestaurants Sterneküche genießen, während die Welt (und die Jachten) an einem vorbeiziehen.

Seychellen

Natur de luxe: Auf diesen idyllischen Inseln im Robinson-Crusoe-Stil warten smaragdgrüne Wälder, abgeschiedene Buchten, unberührte weiße Sandstrände und ein türkisfarbenes Meer. Wer auch bei der Unterkunft auf totalen Luxus und Abgeschiedenheit steht, mietet auf der privaten Nordinsel eine der elf Villen, jede natürlich ausgestattet mit eigenem Pool.

Schweden

Schweden ist das Land origineller Unterkünfte, preisgekrönter Architektur und des nachhaltigen Luxus. In versteckten Baumhäusern mit superstylischen Interieurs kuschelt man sich in flauschig-weiche Fellteppiche und Wolldecken und erlebt guten, unaufdringlichen Service. Die einfache, aber exquisite nordische Küche verwendet feinste regionale Zutaten.

Indien

Indien mag als preiswertes Reiseland gelten, aber es gibt nichts Luxuriöseres, als wie ein Maharadscha in einem der Paläste von Rajasthan zu residieren, die zu opulenten Hotels umgebaut wurden. Die lebhaften Altstadtbasare der „rosaroten Stadt" Jaipur intensivieren die Sinne; nachts erholt man sich auf den Dachterrassen, während die Kerzen in der kühlen Brise flackern.

Shanghai, China

Shanghai besitzt den gleichen Super-Bling-Wow-Faktor wie Dubai, hat dazu aber noch ein reiches kulturelles Erbe. Hier kann man zu Fuß quirlige Märkte, alte Tempel und Galerien mit zeitgenössischer Kunst erkunden. Danach geht's zur Cocktailstunde mit Vogelperspektive in den 87. Stock des Grand-Hyatt-Hotels, in die futuristische Bar Cloud 9.

AB IN DIE FLITTERWOCHEN!

TOP 5

FLITTERWOCHEN FÜR WILDTIER-FANS

1 COSTA RICA

Kaum zu glauben, wie viele Tiere in freier Wildbahn man in Costa Rica zu Gesicht bekommt. Der Anblick eines Faultiers, das vor dem Hotel an einem Ast hängt, oder eines Tukans, der durch die Baumkronen des Regenwalds fliegt, machen jede Hochzeitsreise zu einem Traum. In Corcovado, Monteverde & Santa Elena und Tortuguero hat man in tropischen Öko-Lodge-Oasen die besten Chancen auf Tierbegegnungen.

LINKS Was guckst du? Madagaskars einmalige Lemuren.

2 BORNEO

Es gibt nur noch zwei Inseln weltweit (Borneo und Sumatra), auf denen Orang-Utans frei leben. Die Urwälder mit spektakulärer Artenvielfalt im malaysischen Borneo sind am leichtesten zu erkunden: erst durchs abgeschiedene Danum-Tal, dann nach Sipadan, eine der Top-Tauchlocations weltweit.

TOP 5

FAMILIEN-FLITTERWOCHEN

1 LA RÉUNION

Für so eine kleine Insel schindet La Réunion mächtig Eindruck. Wer nur für einen Tag ein Auto mietet, kann durch üppige Wälder und wolkenbedeckte Berge fahren, einen aktiven Vulkan besuchen und zum Sonnenuntergang am Strand sein. Das französische Übersee-Département ist supersicher, hat eine hervorragende Infrastruktur und einen tollen Mix aus kreolischer und französischer Kultur und Küche. Eine tropische Insel mit Croissants. Yippee!

LINKS Familien kommen auf Kuba voll auf ihre Kosten.

2 MONTANA, USA

In diesem nordwestlichen Grenzstaat mit seinen Ranches, Bergen und Grizzlys gibt es viel, was Kindern Spaß macht. So kann man in die Rolle eines echten Ranchers schlüpfen, einen Planwagen fahren und die malerische Landschaft von hoch oben aus einem Heißluftballon bewundern. Wer es luxuriöser haben möchte, übernachtet in einer traditionellen Ranch wie Paws Up (www.pawsup. com), die Familienpakete und ein herrlich romantisches Ambiente bietet.

3 SERENGETI-NATIONALPARK, TANSANIA

Afrikas beeindruckende Ökosysteme sind ein Traum für Reisende, die wild lebende Tiere sehen wollen, und in den Savannen der Serengeti habt ihr gute Chancen, die Big Five zu sehen: Löwe, Leopard, Elefant, Nashorn und Büffel. Stimmt eure Reise auf die Große Tierwanderung ab, wenn Gnus und Zebras durch die Landschaft ziehen und Raubkatzen und Krokodile auf der Lauer liegen (S. 36).

4 MADAGASKAR

Intensiv und wie von einem anderen Planeten: Madagaskar ist ein wahres Entdeckerparadies mit einzigartiger Flora und Fauna, für die sich eine Reise zu dieser riesigen Insel lohnt. 5% der weltweit bekannten Tier- und Pflanzenarten finden sich nur hier! Hauptattraktion sind die Lemuren, aber es gibt auch Traumstrände, exquisiten Rum, köstliches Essen und ein breites Spektrum an Wüsten, Canyons, Wäldern und als heilig geltenden Tälern, die alle zum gelungenen Flitterwochen-Abenteuer beitragen.

5 YELLOWSTONE-NATIONALPARK, USA

Grizzlybären, Bisons und Wölfe durchstreifen die ca. 5600 km^2 große Parklandschaft, in der Schlammlöcher blubbern und Geysire Fontänen in den Himmel schießen, weil sie auf einem schlafenden Supervulkan liegt.

3 NEUSEELAND

Ein Wohnmobil zu mieten, ist wahrscheinlich die romantischste und stressfreieste Art, um Neuseeland im eigenen Tempo zu erkunden – man kann zum Essen, Schlafen und Spielen anhalten, wo und wann man will. Wenn euch nach Traumstränden und wunderschönen Panoramarouten ist, startet euren Trip in Christchurch auf der Südinsel und lasst euch treiben (S. 90).

4 KUBA

Ein wunderschönes, sicheres und gastfreundliches Land, ideal für Familien. Mit Bus oder Privattaxi pendelt man zwischen Kolonialstädten, Karibikstränden und malerischen Landschaften im Hinterland. Das großartige Netzwerk an *casas particulares* (Gästehäusern) bietet komfortable Unterkünfte, die einfache, kindgerechte Mahlzeiten zu gewünschten Zeiten servieren. Danach gibt's für die Großen ganz entspannt ein oder zwei Mojitos (S. 102).

5 SPANIEN

Wer ein europäisches Flitterwochen-Ziel mit schönem Wetter, gutem Essen, einer familienfreundlichen Kultur und vielen Outdoor-Angeboten sucht, ist mit Spanien gut bedient. Das in den Bergen bei Alicante gelegene Hotelrefugium Caserío del Mirador (www.caseriodelmirador.com) mit Bauernhoftieren, Kinderbetreuung, einem tollen Pool und Wellnessbereich bedeutet für Eltern mit Kindern unter fünf Jahren die Erfüllung aller Träume.

AB IN DIE FLITTERWOCHEN!

TOP 10 FLITTERWOCHEN-INSELN

RECHTS Städte an Steilklippen und perfekte goldene Strände machen Korsika zum mediterranen Volltreffer.

© PASCAL POGGI / GETTY IMAGES

1 KORSIKA, FRANKREICH

Für... **Wandern, Schlemmen, Sonnenbaden**
Dieses Stück Frankreich im Mittelmeer hat seinen Spitznamen L'île de Beauté verdient. Das von Macchia überzogene, gebirgige Innere, abgeschieden von der Welt, läuft in perfekten goldenen – mal touristischen, mal einsamen – Stränden aus. Es gibt unberührte Wildnis (die Wanderungen gehören zu Europas besten), aber auch gehobene Küche und komfortable Unterkünfte: Die Domaine de Murtoli (www.murtoli.com) ist eins der romantischsten Refugien Europas.

© GUIZIOU FRANCK / GETTY IMAGES

2 QUIRIMBAS-ARCHIPEL, MOSAMBIK

Für... **Dau-Kreuzfahrten, Kultur**
Warum sich auf eine Insel beschränken, wenn man 30 haben kann? Aus ungefähr so vielen Tupfern wunderbar weißen Sandes besteht nämlich dieser Archipel im Indischen Ozean. Einer davon ist Ibo mit der portugiesischen Handelsniederlassung Ilha de Moçambique aus dem 16. Jh. – ein Must-See! Danach segelt man zwischen den Inseln umher und legt in namenlosen Buchten an, um Hummer vom Grill zu genießen.

© CHAD EHLERS / GETTY IMAGES

4) ALGONQUIN ISLAND, KANADA

Für… Abenteuer, Einsamkeit

Dieser winzige, kiefernbewachsene Fleck auf dem Kawawaymog-See in Ontario kann nur per Kanu angesteuert werden und ist ideal für zwei. Hier steht eine gemütliche Hütte mit Dachterrasse fürs Abendessen bei Sonnenuntergang, eine schwimmende Sauna schaukelt im seichten Wasser. Darüber hinaus gibt es nur euch und die Wildnis.

© PHOTOGRAPHER NAME / LONELY PLANETA

OBEN Lass dein inneres Tier auf Algonquin Island in Kanada von der Leine.

3) HUAHINE, FRANZ. POLYNESIEN

Für… angenehme Strände, antike Stätten

Auf Huahine, einen 40-minütigen Flug von Tahiti entfernt, entfaltet Polynesien seine ganze Pracht (und das will was heißen). Üppig bewachsene tropische Hänge versinken in strahlend blauen Lagunen. Dazu gibt es jede Menge Kultur, darunter die höchste Dichte an *marae* (Tempeln) in der Region, sowie Gelegenheiten zum Schnorcheln, Reiten, Surfen oder Faulenzen.

RECHTS Pinney's Beach: der perfekte Ort auf Nevis, um Rum zu schlürfen.

© PETER PHIPP / GETTY IMAGES

5) NEVIS, KARIBIK

Für… Ruhe, Old-School-Charme

Ohne All-Inklusive-Hotels oder Kreuzfahrtschiffe ist Nevis so erfrischend wie ein sanfter Passatwind. Die Unterkünfte sind oft historisch – alte Zuckerplantagen, die heute stimmungsvolle Hotels sind. Das Unterhaltungsprogramm: Tauchen, Wanderungen um den Nevis Peak und Rum-Schlürfen am Pinney's Beach.

AB IN DIE FLITTERWOCHEN!

7 PRASLIN & LA DIGUE, SEYCHELLEN

Für... Traumstrände, anzügliche Pflanzen

Man wird kaum schönere Strände finden als die der Seychellen, mit Felsen gesprenkelt und mit pulverfeinem Sand. Zwischen Mahé, Praslin und La Digue schippern Fähren, sodass man seine Flitterwochen auf mehrere Inseln verteilen kann. Das kleine La Digue ist autofrei, in Praslin gibt es gute Restaurants und das Naturreservat Vallée de Mai, wo man unter Seychellenpalmen schlendern und über die anzügliche Form ihrer Samen kichern kann.

6 TASMANIEN, AUSTRALIEN

Für... Kultur, Wandern, Essen & Wein

Das Wetter ist vielleicht nicht so wie im tropischen Queensland, aber in Australiens üppig grünem, südlichen Inselstaat findet man Spitzenküche und -weine, beeindruckende Berge, kühle Seen und tolle Wandergebiete. Außerhalb der pittoresken Hauptstadt Hobart liegt MONA – ein Kunstmuseum von Weltrang samt Bierbrauerei, Weingut und Restaurant, das schlicht begeistert (und wo man jetzt auch plüschig-futuristisch übernachten kann). Im Norden gibt es die wundervolle Bay of Fires mit einer Traum-Strandwanderung, die an einer preisgekrönten Öko-Lodge endet.

LINKS Mit ihren roten Felsen und klarem Wasser ist die Bay of Fires ein australischer Klassiker.

OBEN Felsig und strandig: La Digue ist ein autofreies Paradies in den Seychellen.

8) SANTORIN, GRIECHENLAND

Für ... Zügellose Romantik, tolle Sonnenuntergänge
Santorin ist die Sorte Ort, die einen überhaupt erst
auf den Gedanken bringen könnte, zu heiraten. Wer
die Kykladeninsel mit einem Partner besucht, wird sie
garantiert nicht unverlobt wieder verlassen. Die hübschen weißen Häuser am Hang eines Vulkankraters
sind Romantik pur. In einem Boutiquehotel kann man
auf einer Privatterrasse regionale Weine genießen,
während die Sonne im glitzernden Meer versinkt.

RECHTS Weiß-
blaue Fassaden und
atemberaubende
Sonnenuntergänge
machen Santorin
so romantisch.

9) TIOMAN, MALAYSIA

Für ... Wasserfälle, lokales Leben, sensationellen Sand
Der Westen ist zwar am besten, wenn es um malaysische Strände geht,
Pulau Tioman aber, 56 km vor der Ostküste der Halbinsel Malaysia im
Südchinesischen Meer gelegen, hat ebenfalls einige der traumhaftesten
zu bieten. Der feine Sand und das warme, kristallklare Wasser umrahmen
ein urtümliches Binnenland mit Wasserfällen und Urwald und voller
Abenteuer. Entspannte Fischerdörfer sorgen für lokales Flair .

10) ST VINCENT & DIE GRENADINEN

Für ... Alle Geschmäcker,
Insel-Hopping
Die 32 kleinen Eilande, die zu den
Inseln über dem Winde gehören, sind
ideal für Bootstouren in der Karibik
(ohne Privatjacht). Fähren tuckern die
Inselkette auf und ab, bieten an Bord
lokale Kultur und lassen einen die pas-
sendste Insel finden – ob unberühr-
tes Union oder exklusives Canouan.

AB IN DIE FLITTERWOCHEN!

TOP 5 SCHLEMMER-FLITTERWOCHEN

Vietnam

Uralte Stätten, die beinahe unwirklichen Kalkfelsen der Halong-Bucht und weißsandige Inseln machen Vietnam zu einem zunehmend beliebten Hochzeitsreiseziel. Geschwärmt wird aber vor allem vom Essen! Taucht ein in die Street-Food-Szene des historischen Hanoi und macht einen Kochkurs regionaler Spezialitäten in Hoi An. Eure Geschmacksnerven werden es lieben.

Südaustralien

Die Küche des südlichen Australien ist ein absoluter Geheimtipp. Die Spitzenrestaurants in Melbourne und Sydney entzücken Gourmets, die Einheimischen genießen legendäre Brunches, und Köche von Perth bis Adelaide und Tasmanien kombinieren regionale Top-Produkte wie Austern und selbst gemachten Käse mit vor Ort produzierten Spitzenweinen (S. 86).

San Sebastián, Spanien

Im nordbaskischen San Sebastián ist Essen eine Kunstform. Die Kopfsteinpflaster der Altstadt entlangschlendern und dabei in den Bars *pintxos* (baskische Tapas) mit regionalem Wein oder Cidre kosten, ist das perfekte Ergänzungsprogramm zu faulen Strandtagen. Und die vielen Sternerestaurants machen die Region endgültig zum kulinarischen Flitterwochen-Himmel!

Japan

Japans Sushi- und Sashimi-Kultur ist zugleich exquisit und verblüffend vielfältig, aber die (als Weltkulturerbe anerkannte) japanische Küche hat weit mehr zu bieten als rohen Fisch. In Tokio gibt es mehr Sternerestaurants als in Paris und die faszinierende Essenskultur des Landes zeigt sich überall – von Yakitori-Straßenständen über Ryokan-Gästehäuser bis zu Tokios Gourmettempeln.

Emilia-Romagna, Italien

In einem Land, in dem das Essen einen so hohen Stellenwert hat, erscheint es fast als Sakrileg, sich auf einen Gourmet-Hotspot festzulegen. Aber mit *ragú* aus Bologna, Schinken und Käse aus Parma und Balsamico aus Modena ist die Emilia-Romagna schlicht der Heilige Gral. Die spektakuläre Küche lässt sich in Restaurants, Kochkursen und bei lokalen Produzenten erkunden.

TOP 5

LGBT-FLITTERWOCHEN

© GREGORY GERAULT / GETTY IMAGES

UNTEN Graffitis feiern die alternative Kultur im Berliner Viertel Kreuzberg.

© ASK IMAGES / ALAMY

1 BERLIN

Die Stadt der bohemehaften Freuden und Exzesse. Ihre alternative Musik-, Theater- und Kunstszene beherrscht auch die Straße – und das Nachtleben ist schlicht nicht von dieser Welt. Die besten LGBT-Locations findet man im Westen, im pulsierenden Kreuzberg und Schöneberg – wo im Juni das Gay Pride Festival stattfindet – und im Osten in den Vierteln Prenzlauer Berg und Friedrichshain.

2 ISLAND

Das mystische, romantische, abenteuerliche Island ist ein sicheres und gastfreundliches Hochzeitsreiseziel für LGBT-Paare. Erkundet Berge, Vulkane und Gletscher zu Fuß, mit Husky-Schlitten oder per Hubschrauber und lasst euch in einem Luxus-Spa verwöhnen. Danach geht's auf nach Reykjavik, um sich in die lebendige Gay-Szene der Hauptstadt zu stürzen.

3 NEUSEELAND

Seit es 2013 die gleichgeschlechtliche Ehe eingeführt hat, wirbt Neuseeland in Australien und anderen Pazifik-Nationen, die eine weniger progressive Politik betreiben, aktiv mit Hochzeitsreisen für LGBT-Paare. Die Restaurants und Weingüter sind exzellent, die Landschaft atemberaubend und die Möglichkeiten für Outdoor-Aktivitäten unvergleichlich – die Qual der Wahl (S. 90)!

4 KAPSTADT

Diese liberale Enklave in Südafrika ist der gastfreundlichste Ort für LGBT-Paare, die afrikanische Kultur und Kreativität samt Outdoor-Abenteuern erleben wollen. Entspannt an trendigen Stränden, besteigt den faszinierenden Tafelberg, macht eine Weintour in den nahe gelegenen Winelands und geht clubben rund um De Waterkant.

5 ARGENTINIEN

Argentinien ist das erste Land Lateinamerikas, das die gleichgeschlechtliche Ehe legalisierte, und gilt als das progressivste Reiseziel in dieser Region. Verpasst nicht die lebendige LBGB-Clubszene im kosmopolitischen Buenos Aires und die Spitzenrestaurants in Mendoza. Abenteuerlustige machen eine Autotour am Fuße der Anden und übernachten in Cowboy-Ranches, preisgekrönten Weingütern und Gästehäusern im Wald (S. 130).

© MATT MUNRO / LONELY PLANET

AB IN DIE FLITTERWOCHEN!

TOP 5

ROMANTISCHE AUTOTOUREN

1) AMALFI-KÜSTE, ITALIEN

Die spektakuläre Küstenroute südlich von Neapel verströmt dank ihres Rufs als Feriendomizil für Autoren, Filmstars und Fashionistas Glamour pur. Die 40 km lange Strecke von Sorrento nach Ravello führt als kurvige Gebirgsstraße an üppigen Wäldern und Steilhängen vorbei. Unterwegs passiert man die hübschen Städte Positano und Amalfi, wo pastellfarbene Häuser ihre Zehen zum Meer hin strecken.

LINKS Eine coolere Strecke als die Amalfi-Küste findet man selten.

2) ICEFIELDS PARKWAY, KANADA

Der Icefields Parkway verbindet zwei von Kanadas atemberaubendsten Nationalparks in Albertas Rockies und bietet 235 km lang spektakuläre Gebirgspanoramen zwischen Banff und Jasper. In den Tälern liegen türkisfarbene Seen und Wasserfälle, am Weg über 100 Gletscher; Wanderwege laden zu Erkundungen ein. Elche und Hirsche streunen umher, und die Gondel am hübschen Lake Louise bringt einen zu einem der besten Grizzly-Sichtungspunkte (S. 126).

TOP 5

INSTAGRAM-WÜRDIGE HOCHZEITSREISEN

1) JAPAN

In der wunderschönen japanischen Landschaft finden sich endlos viele Fotomotive. Haltet an, um die fantastische Blütenpracht während der *sakura* (Kirschblütensaison) zu erschnuppern (und zu knipsen), fangt romantische Ausblicke in den Hakone-Bergen ein oder komponiert perfekte Bilder aus alten Tempeln zusammen mit Kyotos perfekt gepflegten Gärten und Bambuswäldern (S. 82).

LINKS Tempel und Berge in Japan sind perfekte Instagram-Motive

2) MEXIKO

Wer Farben liebt, kommt hier auf seine Kosten! Lass dich inspirieren von den farbenfroh gestrichenen Gebäuden, der traditionellen Volkskunst und der Tracht der Menschen. Auf der südlichen Yucatán-Halbinsel (S. 110) kann man sich an den 1001 Blautönen der Karibischen See gar nicht sattsehen, und unterwegs kommt einem auch bestimmt das perfekte Street-Food-Bild vor die Linse.

3 PACIFIC COAST HIGHWAY, USA

Dieser Panorama-Highway folgt der Pazifikküste über fast die gesamte Länge von Amerikas westlicher Kante. Vor allem der kalifornische Abschnitt (Highway 1) gilt als einer der besten Roadtrips der Welt. Fahrt von San Diego zum nördlich von San Francisco gelegenen Mendocino (oder umgekehrt) und besucht einsame Strände, Küstenorte und die wilde Big-Sur-Region. Im Landesinneren warten Spitzenweine im Napa Valley und gigantische Redwood-Bäume.

4 SCHOTTLANDS NC500

Diese neue Autoroute umrundet die nördlichen Highlands und führt zu tollen Stränden, Lochs und Bergen. Ihr seht (vielleicht) Delfine, Robben und Papageientaucher – Schlösser, Whiskybrennereien und Räuchereien warten garantiert.

5 ARGENTINIENS RUTA 40

Dieser legendäre, 5000 km lange Highway verläuft von der nördlichen Spitze Argentiniens bis zu seinen antarktischen Ausläufern in Patagonien am Rückgrat der Anden entlang. Die Vielfältigkeit der Landschaften ist erstaunlich, von Wüstenregionen nördlich von Salta bis zu fruchtbaren Weinbergen in Mendoza, über alpine Wälder im Seendistrikt um Bariloche runter zum Perito-Moreno-Gletscher. Wer dieser Route folgt, macht den Roadtrip seines Lebens (S. 130).

3 NAMIBIA

Eine Reise durch Namibias legendäre Landschaften führt von Mars-artigen roten Dünen über spektakuläre Ebenen zu den unheimlichen Schiffswracks der Skelettküste. Zeltet in der Wüste, um einen Sonnenuntergang zu fotografieren, wie man ihn sonst nur in Naturfilmen sieht (S. 38).

4 ISLAND

Hier gibt es Dinge, die ihr noch nie gesehen habt: aus dem Boden schießender Dampf, dramatische Bergformationen, bedeckt von unberührtem Schnee, tosende Wasserfälle und wilde Zottelponys. Wenn ihr richtig Glück habt und im Winter (Dezember–März) Flitterwochen macht, könnt ihr bestaunen, wie der Himmel von der Aurora Borealis, den Nordlichtern, erleuchtet wird. Kameras bereithalten!

5 NEW YORK, USA

Diese Stadt ist ein Paradies zum Leute-Gucken. Stürzt euch ins Getümmel der Märkte, schlürft Cocktails in Rooftop-Bars und verewigt den köstlichen Latte, der euch in einem Café in Brooklyn serviert wird, auf Instagram. Anschließend schießt ihr zwischen den schönen Gebäuden aus der Hüfte.

AB IN DIE FLITTERWOCHEN!

INSPIRATION

TOPP-TIPP

GEHOBENE HOTELS BUCHT MAN AM
BESTEN ÜBER REISEVERANSTALTER, DIE
HÄUFIG RABATTE ANBIETEN.
AUTOS MIETET MAN DAGEGEN
GÜNSTIGER ÜBER MAURITISCHE
VERLEIHFIRMEN.

MAURITIUS

Das Meer in unzähligen Blautönen, flankiert von Traumstränden und Korallenriffen: Mauritius ist ein Wasserparadies samt wilder Berge, legendärer Wasserfälle und Wanderwege. Diese tropische Insel bietet mehr Abenteuer als man denkt.

Mauritius wird oft mit seinen weit entfernten Nachbarn, den Malediven, verwechselt, ist aber ganz anders (auch wenn sich die großartigen Strände und die natürlichen Unterwasserschätze ähneln). Die östlich von Madagaskar aus dem Indischen Ozean ragende Insel ist nämlich kein Korallenatoll – bizarre, scharf gezackte Gipfelformationen erheben sich über tropischen Wäldern, Zuckerrohrplantagen bedecken sanfte Hügel, und Flüsse stürzen kaskadenförmig von 100 m hohen Klippen in schäumende Becken. Auch jenseits der Strände bieten sich also jede Menge aufregende Aktivitäten.

LINKS Wer sich traut, besteigt den Le Morne Brabant, ein Berg wie ein prähistorischer Megalith.

Viele der Naturgebiete wie zum Beispiel der Nationalpark Black River Gorges sind von Wanderwegen (und zum Teil auch Mountainbike-Pisten) durchzogen, die durch blühende grüne Landschaften zu Aussichtspunkten führen, die Wanderern den noch verbliebenen Atem rauben. Der Blick auf die kaleidoskopartige Mischung aus Blautönen zwischen Riff und Küste ist einfach magisch. Die geschützten seichten Gewässer sind ideal für Wasser-Action – entweder auf oder unterhalb der Wasseroberfläche. Kulturell strotzt Mauritius dank indischer, afrikanischer, chinesischer und französischer Wurzeln vor Vielseitigkeit. Nutzt die

© MARK READ / LONELY PLANET

© MARK READ / LONELY PLANET

© MARK READ / LONELY PLANET

Startet in Point d'Esny am Paradise Beach, einem der schönsten Strände der Insel. Erkundet anschließend den Blue Bay Marine Park (die beste Schnorchel-Location) und besucht die Ile aux Aigrettes, ein Naturreservat mit uralten Wäldern und seltenen Tieren.

Fahrt die Ost- und die Nordküste ab und nehmt die Ausblicke auf die Lagune an der Ile aux Cerfs und vom Cap Malheureux mit, bevor es nach Süden zum Touristen-Hotspot Grand Baie geht.

Verbringt eure letzten Tage im Wassersport-Paradies Le Morne mit Surfen, Kitesurfen, Windsurfen, Segeln, Kajakfahren oder auf dem Paddleboard.

Reist nicht ab, ohne den Morne Brabant bestiegen und die Hügel um Chamarel auf einem E-Bike erkundet zu haben (electro bikemauritius.com).

Chance, diese friedliche Gesellschaft hautnah zu erleben, durch den Besuch von Dörfern oder beim Essen in familienbetriebenen *tables d'hôte*, wo eine regionale Küche serviert wird, so bunt und vielfältig wie die Menschen.

RECHTS Die magische Bergwelt von Mauritius bietet eine interessante Alternative zu den Traumstränden der Insel.

© OHRIMALEX / GETTY IMAGES

© MUNISAMY ASHVIN / 500PX

KITESURFEN

➤ Die Küste rund um die Halbinsel Le Morne gilt als eine der Top-Locations weltweit für Kitesurfing. Experten nutzen die stetigen Winde, um die gewaltigen Swells und Breaks vor dem Riff bei „One Eye" und „Manawa" zu reiten, während Anfänger sich ins perfekte Klassenzimmer begeben – das flache Gewässer der riesigen „Kite Lagoon" südöstlich von Le Morne. Yoaneye Kite Centre (www.yoaneye.com), Son of Kite (www.sonofkite.com) und ION Club (www.ionclubmauritius.com) bieten Kitesurf-Unterricht für alle Stufen an. Der ION Club vermietet auch Equipment an erfahrene Surfer.

Ultimative Flitterwochen Erlebnisse

Wie ein Wachposten ragt der gewaltige Morne Brabant auf – und sieht so beeindruckend aus, dass man nicht weiß, ob man die Strandliege zum wunderschönen Meer oder zu seinen steilen Hängen hin ausrichten soll. Die 500 m Anstieg mit einem Führer von Yanature (www.trekkingmauritius.com) werden mit Ausblicken belohnt, die alles in den Schatten stellen.

—

Bei der Ehe geht's um Vertrauen und ums Teilen, oder? Dann nichts wie los zum Grand Rivière Noire und rein in ein SeaKart für zwei Personen, um damit eine adrenalingetränkte Tour an der magischen Westküste entlang zu machen. Wechselt euch hinter dem Steuer des Motorboots mit 100 PS ab.

ZUM TRÄUMEN

★ **Le Saint Géran** auf einer privaten, von Stränden umrahmten Halbinsel ist ein romantisches Urlaubsresort mit Stil, ohne zu steif zu sein. Der Service ist spitze, die Speisekarte vielfältig. Empfehlenswert: ein Privatdinner im Tipi. Alle Zimmer haben großartigen Meerblick und es werden zahlreiche Wassersportarten angeboten (www.oneandonlyresorts.com).

★ **Lux Le Morne** hat die vielleicht spektakulärste Lage eines Hotels auf der Insel: Die Anlage ruht friedlich zu Füßen der hochaufragenden Felsen von Le Morne Brabant. Obwohl es sich über einen breiten Abschnitt des goldenen Strandes erstreckt, verströmt das Hotel eine intime Atmosphäre (www.luxresorts.com).

AB IN DIE FLITTERWOCHEN!

🧳 Kleidung in neutralen Farben einpacken (die meisten Wildtiere mögen kein Weiß, Mücken bevorzugen dunkle Farben), außerdem Mückenspray, Hüte, Feldstecher, Frauen wählen Sport-BHs.

✈ Kenneth Kaunda International Airport (Lusaka, Sambia) und Lilongwe International Airport (Malawi).

LGBT-freundlich ★☆☆☆
(Wie in vielen Teilen Afrikas ist Homosexualität in Sambia und Malawi immer noch illegal und kann mit bis zu 14 Jahren Gefängnis bestraft werden.)

📅 Die beste Reisezeit ist von Juni bis September, aber alle Lodges haben von April bis November geöffnet.

€ € € €

○ Abenteuer
○ Outdoor
○ Strand

SAMBIA & MALAWI

Die Serengeti und Sansibar haben ihre Reize, aber die aufregendste „Busch und Strand"-Kombi finden Frischvermählte im südlichen Afrika. Diese besondere afrikanische Hochzeitsreise ist ein Mix aus Safari-Abenteuer in Sambia und Strandurlaub am Malawisee.

© JONATHAN & ANGELA SCOTT / GETTY IMAGES

© JONATHAN GREGSON / LONELY PLANET

© JONATHAN GREGSON / LONELY PLANET

LINKS Tiere sind bei Sonnenaufgang am aktivsten, also raus
aus den Federn. Heia Safari!

Der vom Fluss Sambesi und dessen imposantem Steilufer flankierte Nationalpark Unterer Sambesi ist nicht nur landschaftlich großartig, sondern wimmelt auch vor Wildtieren. Und die örtlichen Führer bieten mehr an als nur traditionelle Pirschfahrten. Ihr könnt zum Beispiel in einem Kanu lautlos an Elefanten vorbeigleiten, in einem Motorboot mit einem Gin Tonic chillen, wegen der tollen Ausblicke auf das Sambesi-Steilufer kraxeln oder zu Fuß Wildtiere aufspüren.

Diese Auswahl erlaubt euch, jeden Tag ganz individuell an euer aktuelles Energielevel anzupassen (vielleicht seid ihr ja noch völlig erschöpft von der Hochzeit). Und keine Sorge: Auch wer den ganzen Tag nur entspannt in einem der Camps am Fluss abhängt, wird reich belohnt, denn Wildtiere sind immer in Sicht. Mindestens ein- bis zweimal sollte man sich allerdings doch vor Sonnenaufgang aus dem Bett quälen, denn wenn die Sonne aufgeht, sind die Tiere im afrikanischen Busch am aktivsten und das Licht ist perfekt zum Fotografieren.

Die Kombination aus Safari- und luxuriösem Strandurlaub ist bei Hochzeitsreisenden sehr beliebt, und in dieser Hinsicht bilden Sambia und das benachbarte Malawi ein gutes Paar. Der malawische „See der Sterne" beweist, dass einige von Afrikas schönsten Stränden nicht an der Küste, sondern im Inland liegen. Mittlerweile gibt es an seinem Ufer eine Reihe von Luxus-Unterkünften.

AB IN DIE FLITTERWOCHEN!

Man fliegt erst die sambische Hauptstadt Lusaka an und dann per kurzem Inlandsflug ostwärts weiter zu einem der Landeplätze im Nationalpark Unterer Sambesi. Von eurer Lodge am Flussufer aus könnt ihr die Landschaft bewundern und das Angebot an Aktivitäten nutzen: Safaris zu Fuß und per Kanu, Bootsfahrten, Steilhang-Klettertouren und Pirschfahrten.

⟫⟶

Transfer via Lusaka mit zwei kurzen Flügen nach Lilongwe, der Hauptstadt Malawis, dann eine dreistündige Autofahrt oder ein 40-minütiger Flug (plus 20 Minuten Autofahrt) bis zur Lodge am Malawisee. Hier könnt ihr chillen, schnorcheln, tauchen, segeln, Wasserski oder Kajak fahren. Im Süden locken die Strände von Cape Maclear und der Malawisee-Nationalpark, im Norden bietet die Insel Likoma Kultur, Strände und Tauchmöglichkeiten.

© ROBERTO RINALDI / 4CORNERS

♦ TOPP-TIPP
WIDERSTEHT DER VERSUCHUNG, MEHRERE SAFARI-LODGES AUSZUPROBIEREN. VERBRINGT DIE KOSTBARE ZEIT BESSER MIT ENTSPANNEN UND TIERE BEOBACHTEN.

© DANA ALLEN WWW.PHOTOSAFARI-AFRICA.COM

LINKS Ja, es ist ein See, aber die Strände des Malawisees sprechen für sich – man kann hier tauchen, schnorcheln, segeln, Wasserski und Kajak fahren. Wer genug vom Wassersport hat, erholt sich im Luxusresort Pumulani.

ZUM TRÄUMEN

★ Nur Minuten vom Nationalpark entfernt und direkt am Ufer des Sambesi verströmt die **Royal Zambezi Lodge** Safari-Ambiente. Die komfortablen Zelte haben Flussblick und die große private Dachterrasse der Hochzeitssuite bietet einen eigenen Pool, eine frei stehende Badewanne und ein Tagesbett. Die Führungen sind top (www.royalzambezilodge.com).

★ Das auf der Halbinsel Nankumba über dem südlichen Ende des Malawisees zwischen Bäumen und Felsen auf einem Vorsprung thronende Resort **Pumulani** besteht aus zehn traumhaften Villen mit Grasdächern. Gäste entspannen am weißen Sandstrand oder im Infinity-Pool (www.robin popesafaris.net/camps/pumulani.php).

PRIVATES DINNER

⟶ Bei Laternenlicht neben dem nachtschwarzen Wasser des Sambesi auf der Dachterrasse eurer Lodge zu speisen, ist schon romantisch, wird aber getoppt von einem Dinner auf einer der sandigen Flussinseln. Ein kleiner Wink an den Lodge-Manager reicht meist schon: Dein uneingeweihter Partner wird glauben, dass ihr eine Bootstour bei Sonnenuntergang macht, bis ein festlich gedeckter Tisch und ein Feuer nebst Koch und Kellner ins Blickfeld rücken. Unter der Milchstraße zu den Geräuschen der afrikanischen Natur zu essen, ist der Hochzeitshimmel auf Erden.

Ultimative Flitterwochen Erlebnisse

In einem Kanu auf dem Sambesi zu paddeln, vorbei an Nilpferden, Elefanten und Vogelschwärmen, ist ebenso bezaubernd wie aufregend (auf Augenhöhe mit den Löwen am Flussufer zu sein, gehört definitiv zur letzteren Kategorie). Ihr könnt zusammen mit einem Führer in einem Kanu sitzen oder (wenn ihr Erfahrung habt) jeder selbst eins besteigen und einfach dem Expeditionsleiter folgen.

—

Traditionelle Daus werden eher mit der afrikanischen Küste am Indischen Ozean verbunden. Aber eine Dau-Fahrt auf dem ruhig daliegenden Malawisee ist eine besonders romantische Art, den Sonnenuntergang zu erleben.

AB IN DIE FLITTERWOCHEN!

TOPP-TIPP

AUF GILI T UND GILI
WECHSELN DIE NACHTLEBEN-
HOTSPOTS REGELMÄSSIG. FRAGT
ALSO RUM, WO DIE PARTYS
STATTFINDEN.

BALI & LOMBOK, INDONESIEN

Vollendet weißer Sand und viel Spaß erwarten dich auf den indonesischen Gili-Inseln. Anschließend geht's auf das belebtere Bali, wo die magische Stadt Ubud verzaubert.

Ob man ein privates Stück vom Paradies möchte oder lieber bis zum Sonnenaufgang mit anderen feiert: Die Gili-Inseln sind das perfekte Reiseziel. Jede der in den türkisfarbenen Gewässern vor Lombok gelegenen drei Inseln besitzt ihren eigenen Charme. Wählt eine aus oder testet alle, um herauszufinden, welche euch am besten gefällt.

Auf Gili Trawangan gibt es die meiste Action in Form von Tauchschulen, hohen Wellen für Surfer und einem lebendigen Nachtleben, das von entspanntem Reggae über Trance und Techno alles bietet. Auf Gili Meno geht es romantischer zu, denn diese Insel mit ihren wenigen verstreuten Hütten und Hotels ist die am wenigsten ausgebaute und deshalb eine tolle Option für Frischvermählte, die ihre Ruhe haben wollen. Das lässige Gili Air liegt irgendwo dazwischen und wartet mit einigen der besten Strände und Schnorchelmöglichkeiten auf.

Wenn ihr bereit seid für die Zivilisation, macht euch auf nach Ubud, Balis Kulturhauptstadt mit quirlig-kreativer Community. Dort kann man pittoresk verfallene Hindu-Tempel besichtigen, durch Kunstgalerien schlendern, sich in einem Spa verwöhnen lassen und im Sacred Monkey Forest freche Affen fotografieren.

LINKS Moos bedeckt die Steinverzierungen, die das Tor des Tempels Puri Lukisan in Ubud schmücken.

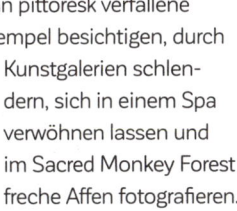

© MATT MUNRO / LONELY PLANET

© IAN TROWER / GETTY IMAGES

© MATT MUNRO / LONELY PLANET

UNTEN Smaragdgrüne Reisfelder sind in Balis Landesinneren rund um Ubud überall zu finden.

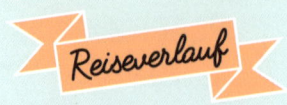
DEN HOCHZEITSSTRESS WEGMASSIEREN

⫸→ Zu einem Besuch von Ubud gehört es einfach dazu, sich in einem der exzellenten Spas verwöhnen zu lassen. Die Straßen sind gesäumt von einer verwirrenden Vielfalt an Wellnesstempeln, die Entspannung und Erfrischung versprechen – und das meist zu sehr akzeptablen Preisen. Wir empfehlen das Bali Botanica Day Spa (www.balibotanica.com) etwas außerhalb der Stadt in himmlisch ruhiger Lage. Wählt die Option „Romantic Escape for Two" mit Massage, Peeling und einem balinesischen Favoriten: einem gemeinsamen Blumenbad. Taksu Spa (www.taksuspa.com) ist ebenfalls eine gute Wahl. Neben Paar-Massagen bietet es ganzheitliche Heilkunde, Yoga und ein Café mit Bio-Gerichten an.

Startet furios in die Flitterwochen, indem ihr euch auf Gili Trawangan ins Partyleben stürzt. Den Kater werdet ihr am nächsten Tag beim Schnorcheln oder Tauchen los. Danach springt ihr in ein Boot zum Entspannen nach Gili Meno.

Aller guten Gilis sind drei: Im Yoga- und Meditationszentrum von Gili Air wird Zen großgeschrieben. Lasst den Tag bei Mowies (www.mowiesgiliair.com) im Südwesten der Insel entspannt mit einem Cocktail ausklingen, während die Sonne hinter dem Vulkan Mt. Agung auf Bali versinkt.

Nehmt ein Schnellboot nach Bali und ein Taxi nach Ubud (1,5 Stunden). Dort kann man tagsüber gemächlich Tempel erkunden und sich abends an balinesischen Tänzen erfreuen.

© PETE SEAWARD / LONELY PLANET

© MATTHEW WILLIAMS-ELLIS / GETTY IMAGES

© FENKIEANDREAS / SHUTTERSTOCK

OBEN Jede der drei Gili-Inseln hat ein anderes Flair, aber alle bieten Entspannung pur, weiße Sandstände und eine vielfältige Unterwasserwelt.

Ultimative Flitterwochen Erlebnisse

Um die Gilis herum wimmelt es vor Schildkröten, was zum Teil am Reservat auf Gili Meno liegt. Nähert euch dem vielfältigen maritimen Leben in einer der Top-Tauchlocations wie etwa Shark Point oder Deep Turbo. Erfahrene Taucher können auch ein japanisches Wrack aus dem Zweiten Weltkrieg erkunden. Blue Marlin Dive Auf Gili T ist eine renommierte Tauchbasis (www. bluemarlindive.com).

—

Mietet euch einen Fahrer, um einige von Balis eindrucksvollen kulturellen Sehenswürdigkeiten zu besichtigen, zum Beispiel den Tempel Titra Empul mit seiner heiligen Quelle, Gunung Kawi, ein grünes Tal mit Felsschreinen, oder Goa Gajah, die „Elefantenhöhle".

ZUM TRÄUMEN

★ Das in einer der abgeschiedensten Ecken der Gilis gelegene Resort **Mahamaya** auf Gili Meno setzt auf Ökotourismus und ist der ideale Rückzugsort für Möchtegern-Robinsons, die nicht auf Komfort verzichten möchten. Entscheidet euch für eine Villa mit Meerblick samt Privatstrand und privater Außendusche (www.maha maya.co).

★ Das **Viceroy Bali** in Ubud besteht aus 25 Luxusvillen, jede mit Privatpool, und ist die perfekte Unterkunft für Frischvermählte. Man kann hier sogar heiraten. Das Highlight dieses von üppiger grüner Vegetation umgebenen Boutiquehotels ist ein Infinity-Pool, an dem man nach der Stadtbesichtigung herrlich entspannen kann (www.viceroybali.com).

AB IN DIE FLITTERWOCHEN!

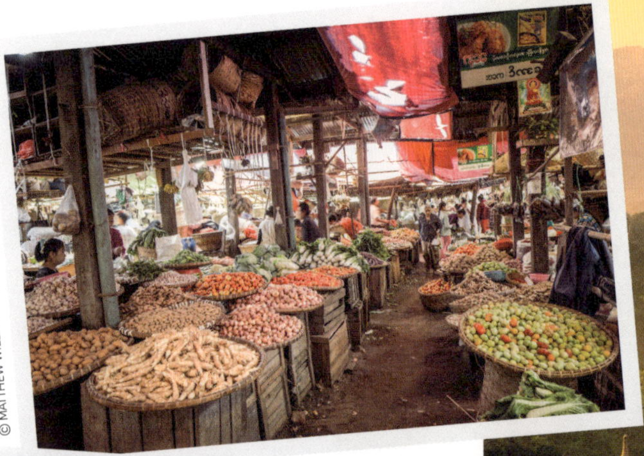

© MATTHEW WILLIAMS-ELLIS / GETTY IMAGES

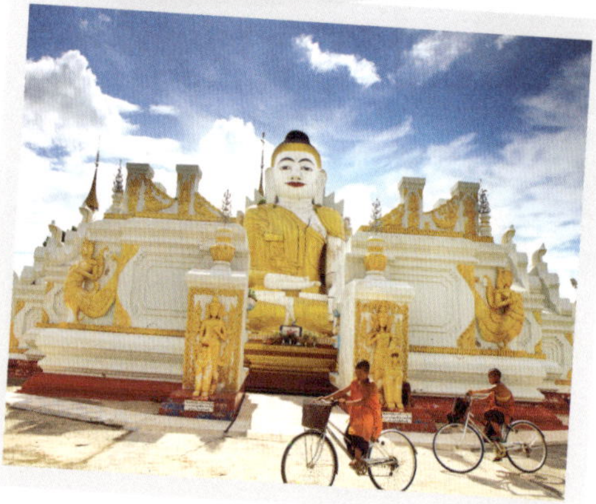

© MATT MUNRO / LONELY PLANET

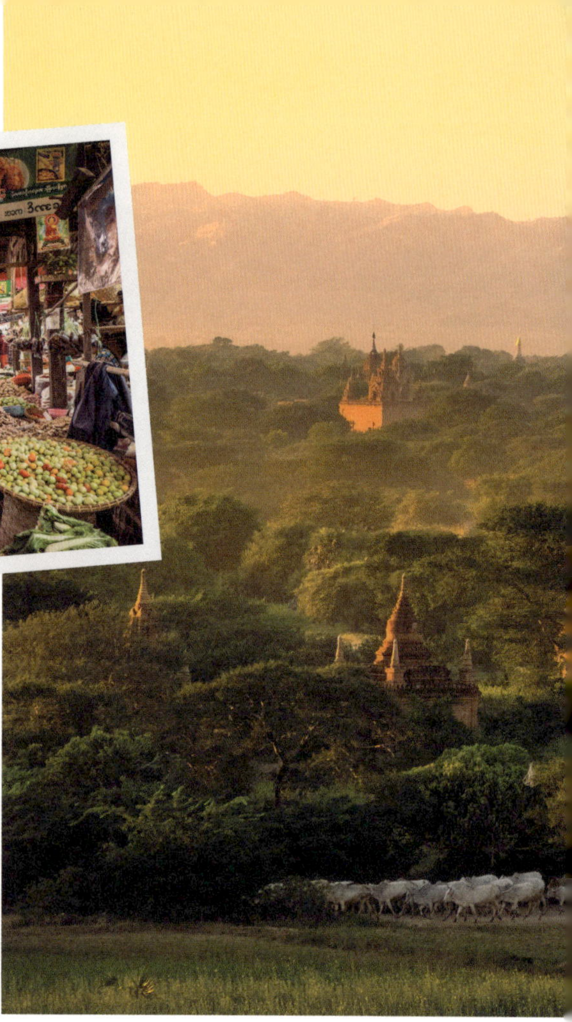

© NATAPONG SUPALERTSOPHON / GETTY IMAGES

Praktisches

Yangon Airport

LGBT-freundlich ★★☆☆☆

Für Tempelbesichtigungen Schuhe oder Sandeln einpacken, die man leicht ausziehen kann, und einen Sarong, um nackte Knie und/oder Schultern zu bedecken.

November bis Februar regnet es am wenigsten. In dieser Zeit werden auch die meisten Kreuzfahrten angeboten.

€ € €

OBEN Die Sonne hinter der verfallenen Tempelanlage von Bagan untergehen zu sehen, ist eines der beeindruckendsten Erlebnisse, die das südöstliche Asien zu bieten hat.

MYANMAR

Die beschauliche Schönheit der Landschaft von Zentral-
myanmar, über die alte buddhistische Tempel und einfache
Dörfer verstreut liegen, bildet die Kulisse für eine Luxus-
Kreuzfahrt auf dem Ayeyarwady-Fluss, zwischen den alten
Königsstädten Mandalay und Bagan.

○ Kultur
○ Entspannung
○ Strand

AB IN DIE FLITTERWOCHEN!

© ANDREW MONTGOMERY / LONELY PLANET

© ANDREW MONTGOMERY / LONELY PLANET

Myanmar (auch als Burma bekannt) war jahrzehntelang von der Welt abgeschnitten, lockt seit einiger Zeit jedoch neugierige Reisende an. Sie finden ein zutiefst spirituelles Land mit malerischen Landschaften und Bewohnern vor, die zu ausländischen Gästen extrem freundlich sind.

Entspannt und komfortabel lassen sich einige von Myanmars Hauptsehenswürdigkeiten auf einem der luxuriösen Schiffe besichtigen, die den Hauptfluss Ayeyarwady (früher: Irrawaddy) befahren – eine Wasserstraße, die schon in Rudyard Kiplings Gedicht „Mandalay" besungen wurde. Eine solche Kreuzfahrt kann drei bis elf Tage dauern und kulturelle Darbietungen oder Vorführungen regionaler Handwerkskunst beinhalten. Die meisten Reisen starten oder enden in Mandalay, einer größtenteils modernen Stadt, die im 19. Jh. für kurze Zeit die Hauptstadt

TOPP-TIPP

IN YANGON, MANDALAY UND BAGAN GIBT ES ZWAR GELDAUTOMATEN, DIE INTERNATIONALE KARTEN AKZEPTIEREN, MAN KANN SICH ABER NICHT DARAUF VERLASSEN, DASS SIE AUCH FUNKTIONIEREN. BRINGT ALSO SICHERHEITSHALBER GENUG US-DOLLAR (IN BRANDNEUEN SCHEINEN) ZUM UMTAUSCHEN MIT.

des Königreichs war. Das wahre Highlight ist aber Bagan mit seinen Tausenden von Pagoden und Stupas, die vor etwa 900 Jahren während des ersten birmanischen Reichs erbaut wurden.

Noch älter ist der goldene Tempel Shwedagon in Yangon, die internationale Pforte des Landes. Es lohnt sich, in dieser stimmungsvollen Stadt etwas Zeit zu verbringen, um die mit Essensständen gesäumten lebendigen Straßen, die farbenfrohen Märkte und die atmosphärische koloniale Architektur zu erkunden.

Reiseverlauf

⟫⟶ Startet in Yangon mit dem Besuch des faszinierenden buddhistischen Monuments der Shwedagon-Pagode. Es lohnt sich, mehrere Tage in dieser dynamischen Stadt zu verbringen, in der sich Myanmars vielversprechende Zukunft zeigt.

⟫⟶ Weiter geht's per Flugzeug nach Mandalay. Besteigt Mandalay Hill und beobachtet den Sonnenuntergang über der Stadt. Macht eine Tour durch die Werkstätten der Handwerker und erfahrt im Gold Pounders' District, wie Blattgold hergestellt wird.

⟫⟶ Geht an Bord eures Kreuzfahrtschiffs, das auf dem Ayeyarwady nach Bagan fährt und unterwegs an Dörfern und Tempeln haltmacht. Besichtigt die Tempel von Bagan, etwa den perfekt proportionierten Ananda Pahto, und macht eine Tagestour zum heiligen Mount Popa.

© MATT MUNRO / LONELY PLANET

LINKS Die Fischer auf dem Inle-See mit ihrer Einbein-Rudertechnik sind typisch für Myanmar.

ZUM TRÄUMEN

★ **Sanctuary Ananda** heißt der neueste Luxus-Kreuzer auf dem Ayeyarwady. Mit nur 21 Suiten ist er viel kleiner und intimer als die anderen Schiffe. Die Ausstattung glänzt mit edlen Seidenstoffen, Möbeln aus poliertem Teakholz und glänzendem Lack. Die Betten sind mit feinster ägyptischer Baumwolle bezogen, die Klimaanlage funktioniert einwandfrei und für die Gäste gibt's ein iPad mit WLAN (funktioniert allerdings nur in Mandalay und Bagan). Und das Beste: Jede Suite hat ihren eigenen Balkon, von dem aus man die vorbeiziehende Szenerie bewundern kann. Oder man mischt sich auf der Dachterrasse mit einem Cocktail unter die Mitreisenden (www.sanctuaryretreats.com).

MOUNT POPA

⋙→ Obwohl Myanmar vorwiegend buddhistisch ist, glauben viele Menschen auch noch an *nats* (Geisterwesen). Ein beliebter Tagesausflug von Bagan führt auf den Mount Popa, das spirituelle Zentrum der *nats*. Auf einem 740 m hohen vulkanischen Pfropf an der unteren Flanke des Bergs thront der buddhistische Tempel Popa Taung Kalat; der Ausblick von seinen Terrassen ist den Anstieg über 777 Stufen wert. Erweist, bevor ihr losgeht, dem Mother Spirit of Popa Nat Shrine mit Bildnissen aller 37 offiziellen und noch ein paar inoffiziellen *nats* euren Respekt.

Ultimative Flitterwochen Erlebnisse

Den besten Überblick über Bagan bekommt man im Heißluftballon (Balloons Over Bagan, balloonsover bagan.com). Die magischen 45-Minuten-Fahrten finden von Oktober bis März statt und müssen im Voraus gebucht werden. Wählt einen Flug bei Sonnenaufgang, denn die kühlere Morgenluft erlaubt es den Piloten, näher an die Tempel heranzusteuern.

—

Die Shwedagon-Pagode, eine der heiligsten Stätten des Buddhismus und von fast überall in Yangon aus zu sehen, ist ein gewaltiger Tempelkomplex mit 100 m hoher *zedi* (Stupa), die mit 27 t Blattgold und Tausenden von kostbaren Edelsteinen verziert ist. Bei Sonnenauf- oder –untergang ist der Tempel am spektakulärsten.

AB IN DIE FLITTERWOCHEN!

TOPP-TIPP

JE LÄNGER MAN BLEIBT, DESTO PREIS-
WERTER WIRD ES: BEI EINEM AUFENTHALT
VON MEHR ALS ACHT NÄCHTEN GIBT
ES 50% RABATT AUF DEN TÄGLICHEN
PFLICHTTARIF, BEI MEHR ALS
14 NÄCHTEN ENTFÄLLT
ER GANZ.

Praktisches

 Paro Airport

LGBT-freundlich ★★☆☆☆
(Homosexualität ist in Bhutan illegal und stößt kulturell auf Unverständnis; der Buddhismus verurteilt Homosexualität nicht.)

💼 Langen Rock/Hose, Hemd mit Kragen (kurze oder lange Ärmel) sowie Schuhe und Socken einpacken. Die braucht man, um *dzongs* zu betreten.

📅 Von Oktober bis November ist der Himmel klar und es herrschen angenehme Temperaturen; im Frühling von März bis Mai blühen viele Pflanzen. Die Monsunzeit Juni bis August vermeiden.

€ € € €

- Outdoor
- Kultur
- Abenteuer

BHUTAN

Willkommen im Himalaja-Himmel! Zwischen den höchsten Bergen der Welt versteckt, fühlt sich Bhutan wie eine einfachere, aber bessere Wirklichkeit an, wo man Schönheit, Gelassenheit, Spiritualität, phallische Graffiti (!) – und einander findet.

Flitterwochen sollen ja ein einmaliges Erlebnis sein. Gut! Eine Reise durch Bhutan könnte nämlich eure Ersparnisse aufbrauchen: Ihr müsst euch einem autorisierten Reiseanbieter anschließen und pro Person eine tägliche Touristenpauschale von derzeit 250 US-$ zahlen. Darin sind die gesamte Verpflegung, Drei-Sterne-Unterkünfte, Führer und Transport enthalten. Wenn man in den romantischsten Orten wohnen will, lassen sich diese Kosten noch erheblich steigern. Aber, nicht abschrecken lassen: Die Reise lohnt sich!

Nichts kommt diesem Bergidyll gleich, in dem bewaldete Berge unberührt in den Himmel ragen; wo buddhistische Festungen über unbewohnten Tälern thronen; wo überall Gebetsfahnen flattern; wo es keine Ampeln gibt und der Erfolg in Bruttonationalglück gemessen wird. Was könnte romantischer sein?

Nun ja, da gäbe es noch etwas ... Phalli, wohin das Auge reicht, auf Mauern gesprüht, aus unterschiedlichsten Materialien modelliert und überall zur Schau gestellt. Sie sind das Emblem des verehrten Heiligen Drukpa Künleg, der auch als „Heiliger Narr" bekannt ist, und sollen das Böse abwehren. Zumindest bringen sie so manchen

OBEN LINKS Das Tigernest-Kloster. LINKS Stilvoll entdeckt Bhutan, wer in den Boutiquelodges des Aman Resorts absteigt.

© JONATHAN GREGSON / LONELY PLANET

© DYLAN HASKIN / SHUTTERSTOCK

Im Paro-Tal liegen Bhutans von Bergen umrahmter Flughafen und eine der Hauptsehenswürdigkeiten: das abenteuerlich am Steilhang erbaute Taktshang Goemba (Tigernest-Kloster) – die Tageswanderung ist ein Muss.

Richtet euren Besuch der Hauptstadt Thimphu so ein, dass ihr den Wochenendmarkt oder ein *tsechu* (Festival) miterlebt. Dann geht es weiter gen Osten über den Dochula-Pass (traumhafte Himalaja-Blicke!) nach Punakha mit dem größten *dzong* (Fort) des Landes.

Weiter im Osten liegen die Täler Phobjikha und Bumthang: noch mehr großartige Bergpanoramen und beeindruckende *dzongs*.

Legt eine Wanderung ein: einen Tagesausflug in Phobjikha, den einfachen dreitätigen Bumthang-Kulturtrek oder den neuntätigen Klassiker Jhomolhari.

Reisenden zum Schmunzeln. Doch letztendlich ist Bhutan das perfekte Ziel für Hochzeitsreisen. Weil es sich wie ein Paradies anfühlt, das von der modernen Welt kaum beeinflusst ist und in der du dich mit deinem Schatz glückselig in den Bergen verirren kannst.

© ROBERTO MOIOLA / GETTY IMAGES

© CAROLINE PANG / GETTY IMAGES

OBEN Malerische Terrassenfelder in Zentral-Bhutan bilden einen Kontrast zu den vielen Gipfeln des Himalaja.

DON'T WORRY, BE HAPPY!

≫⟶ Bhutan ist das glücklichste Flitterwochen-Reiseziel. Offiziell. Schließlich ist es das einzige Land der Welt, das seinen Erfolg nicht nach dem Bruttoinlandsprodukt, sondern nach dem Bruttonationalglück bemisst. Diese Kategorie wurde 1972 vom damaligen König Wangchuck eingeführt, der, als sein Land anfing, sich dem Rest der Welt zu öffnen, dessen ausgeprägte buddhistische Kultur und die Spiritualität seiner Bewohner bewahren wollte. Also verfügte er, dass das mentale Wohlbefinden der Bürger wichtiger sei als ihr finanzieller Output oder Status – eine noble und beneidenswerte Haltung. Und eine gute Basis für eine glückliche Ehe.

Chimi Lhakhang auf einem Hügel inmitten von Reisfeldern ist der Tempel des „Heiligen Narren" und das Pilgerziel vieler Paare mit Kinderwunsch. Man überreicht eine kleine Opfergabe und wird von einem großen Holzpenis gesegnet, der fruchtbar machen soll. Die Frauen ziehen dann einen Bambusstreifen, auf dem der Name ihres zukünftigen Kindes steht.

—

Ein traditionelles bhutanesisches Bad kann man überall nehmen, in vornehmen Hotel-Spas oder auf einfachen Bauernhöfen. Dabei werden heiße Flusssteine ins Wasser gelegt, wo sie aufbrechen, Dampf ablassen und dabei Mineralien freisetzen, die Schmerzen lindern.

ZUM TRÄUMEN

★ **Uma by COMO,** eine Ansammlung von Zimmern und Villen im traditionellen Stil, liegt im blühenden Paro-Tal. Geschnitzte Möbel und handbestickte Bettbezüge sorgen für Klasse und Charakter; die Ausblicke auf den Wald und die Berge sind spektakulär. Highlights für Hochzeitspaare: Tempelsegnungen und Picknicks auf einem Gipfel über dem Tigernest (www.comohotels.com/umparo).

★ Zum Aman-Resort gehören fünf Boutique-Lodges, die im ganzen Land verstreut sind – in Paro, Thimphu, Punakha, Gangte und Bumthang. Das Design ist eine Mischung aus Rustikalität und moderner Eleganz, die Zimmer haben alle Holzbrennöfen und großartige Ausblicke. Die All-inclusive-**Amankora-Journey** verbindet alle fünf Locations zu einer komfortablen Tour (www.aman.com/resorts/amankora).

AB IN DIE FLITTERWOCHEN!

Praktisches

💼 Wenn ihr Sri Lankas Teeregion besuchen wollt, packt wärmere Kleidung ein, da es dort nachts kühl wird.

✈ Bandaranaike International Airport in Colombo, Sri Lanka; Ibrahim Nasir International Airport in Malé, Malediven

📅 Von Dezember bis März ist es auf Sri Lanka und auf den Malediven heiß und trocken; im August (zwischen den Monsunen) ist Sri Lanka am günstigsten.

€ € €

LGBT-freundlich ★★☆☆☆
(Homosexualität ist sowohl auf Sri Lanka als auch auf den Malediven illegal; öffentliche Zuneigungsbekundungen vermeiden.)

○ Strand
○ Entspannung
● Kultur

MALEDIVEN & SRI LANKA

Gleißend weiße Strände, türkisfarbenes Meer und schicke Hotels mit tollen Spas: Die Malediven sind schon lange ein Honeymoon-Traumziel. Wer noch das nahe Sri Lanka mit seiner vielfältigen Kultur und Fauna dranhängt, erlebt den Urlaub seines Lebens.

© FRANCO BANFI / GETTY IMAGES

LINKS Achtung: Ja, die Malediven sind tatsächlich so schön, sowohl unter als auch über dem Wasser.

© TOBIAS HELBIG / GETTY IMAGES

© SAKIS PAPADOPOULOS

◇

TOPP-TIPP

AUF EINER MALEDIVENINSEL HAT MAN BEIM ESSEN AUS MANGEL AN ALTERNATIVEN NICHT DIE QUAL DER WAHL – DESHALB LOHNEN SICH ALL-INCLUSIVE-ANGEBOTE.

Sie gelten als schönste Inseln der Welt: Die Malediven bieten völlige Ruhe und unvergleichlichen Luxus in spektakulärer Umgebung. Jedes Resort liegt auf seiner eigenen winzigen Insel, bunte tropische Fische schwimmen im flachen Wasser und ein Privatbutler serviert auf der Terrasse der im Wasser auf Pfählen stehenden Villa erfrischende Cocktails – alle Eigenschaften eines klassischen Flitterwochen-Paradieses. Willkommen im Nach-Strich-und-Faden-Verwöhnprogramm!

Doch auch die himmlischste Location hat ihre Grenzen, und wer Lust auf Abwechslung und Kultur bekommt: Sri Lanka ist nur einen Katzensprung entfernt. Die kompakte, aber unglaublich facettenreiche Insel ist voll von Weltkulturerbe-Stätten und berühmt für ihre Tierwelt. Hier findet man uralte Städte und langsam verfallende koloniale Pracht, kunstvoll verzierte Tempel und malerische Teeplantagen und kann Wale und Leoparden beobachten. Und das alles auf einer Insel, die kleiner ist als Irland. Das Sahnehäubchen sind die extrem freundlichen Menschen, eine lebendige Kultur, ein exzellentes Preis-Leistungs-Verhältnis und charmante Hotels im alten Stil. Die perfekte Ergänzung zum Wohlfühl-Luxus der Malediven.

AB IN DIE FLITTERWOCHEN!

Erholt euch vom großen Tag am makellosen Strand einer Malediven-Insel und lasst euch von Kopf bis Fuß verwöhnen.

Fliegt nach Colombo, fahrt in Sri Lankas Kulturdreieck und erkundet die alten Königsstädte Anuradhapura und Polonnaruwa, die Höhlentempel von Dambulla und das Felsenfort Sigiriya.

Fahrt mit dem Zug durch schöne Landschaften nach Nuwara Eliya und wandert in hügeligen Teeplantagen.

Beobachtet im Horton Plains National Park exotische Vögel, in Gal Oya Elefanten oder in Yala Leoparden.

Beendet eure Reise in der historischen Festungsstadt Galle, wo prächtige Kaufmannshäuser und bunte Galerien die Straßen säumen.

© MATT MUNRO / LONELY PLANET

© JAVIER SUAREZ CABEZA / 500PX

LINKS Sri Lankas Hügel sind von Teeplantagen bedeckt und lassen sich gemächlich durchwandern. Auch die Ruinen von Polonnaruwa sollten auf keinem Reiseplan fehlen.

ZUM TRÄUMEN

★ Barfuß-Luxus pur gibt es im **Baros**, wo sich sämtliche Träume von puderweichem Sand und atemberaubendem Meer erfüllen. Das schicke, aber trotzdem authentische Resort voller Lokalkolorit bietet ein paradiesisches Spa, auf Pfählen ins Meer gebaute Villen, hervorragendes Essen und die Chance, bei der Korallenrettung zu helfen (www.baros.com).

★ Das nahe der historischen Stadt Kandy gelegene **Kandy House** verbindet Charme und Eleganz einer 200 Jahre alten Kolonialvilla mit fröhlich-modernem Stil. Die neun Zimmer in einem der atmosphärischsten Hotels auf Sri Lanka bieten Himmelbetten und antike Möbel, im verlockenden Infinity-Pool blickt man auf üppig grüne Felder (www.thekandyhouse.com).

MALEDIVEN-SURF-SAFARI

⟫→ Wer bei Sonnenaufgang die ersten Wellen und bei Sonnenuntergang riesige *barrels* reiten will, sollte eine mehrtägige Surf-Safari machen. Die Atolle sind der ungebremsten Kraft des Indischen Ozeans ausgesetzt und bieten ein großes Spektrum an *reef breaks*. Am Nord-Malé-Atoll ist oft ziemlich viel los, aber ein Surf-Charterboot (z. B. Atoll Travel, www.atolltravel.com) bringt euch zu den einsameren zentralen und äußeren Atollen. Die Boote variieren in Größe und Ausstattung, aber maledivischer Luxus macht sich im guten Essen, den Wellnessbehandlungen und häufig einer eigenen Tauchschule an Bord bemerkbar.

Ultimative Flitterwochen Erlebnisse

Es ist nicht nur ihre unglaubliche Szenerie, die die Malediven so romantisch macht, sondern auch der pure Luxus eines privaten Candle-Light-Dinners auf einer einsamen Sandbank bei Sonnenuntergang. Und euer Kellner liest euch zum sanften Rauschen der Wellen jeden Wunsch von den Augen ab.

—

Auf Sri Lanka erlebt man Romantik ganz anders: auf einer magischen Bootstour bei Sonnenaufgang durch den Nationalpark Gal Oya, einem einsamen immergrünen Wald um den größten See des Landes. Still gleitet man durchs spiegelglatte Wasser und beobachtet träge zwischen Inseln schwimmende Elefanten und tropische Vögel, die am Himmel ihre Bahnen ziehen.

AB IN DIE FLITTERWOCHEN!

Praktisches

✈ Narita Airport, 66 km östlich von Tokio, und Haneda Airport, 15 km südwestlich des Zentrums.

LGBT-freundlich ★★★★☆

💼 Ihr werdet wahrscheinlich nach japanischem Brauch oft eure Schuhe aus- und anziehen müssen, deshalb Schuhe ohne Schnürung einpacken.

📅 April–Mai zur Kirschblüte; Oktober zum „Indian Summer", wenn sich das Herbstlaub färbt.

€ € €

○ Kultur
○ Essen & Trinken
○ Entspannung

TOKIO & FUJI, JAPAN

Ruhe, wilder Spaß und in einem modernen Ryokan im Himmel über dem Kaiserpalast übernachten – das ist Tokio! Danach geht's raus aufs Land zum Luxuscamping mit Blick auf Japans heiligen Vulkan, den Fuji.

TOPP-TIPP

ARRANGIERT EINE AUDIENZ BEI EINER GEISHA ODER ZIEHT EINEN WUNDERSCHÖNEN KIMONO AN UND LASST EUCH DARIN FOTOGRAFIEREN. (WWW.NIHONBASHI-INFO.JP/OMOTENASHI)

Japans quirlige Hauptstadt, die nie schläft, scheint keine gute Wahl für entspannende Flitterwochen, aber in der Metropole mit 13,35 Mio. Einwohnern ist es erstaunlich leicht, Nischen der Ruhe und Schönheit zu entdecken. Die Außenanlagen des Kaiserpalasts im Herzen der Stadt sind zum Beispiel selten überlaufen, und in dem Garten, der sich hinter dem großartigen Nezu-Museum versteckt, kann man ganz in Ruhe Tee schlürfen.

Sobald ihr eure innere Ruhe wiedergefunden habt, könnt ihr euch spannenden Aktivitäten zuwenden. Dazu gehört: einige der superschmackhaften und superattraktiv präsentierten Köstlichkeiten zu probieren, die die (zum Weltkulturerbe deklarierte) japanische Küche zu bieten hat; beim Shoppen in einem edlen Kaufhaus auf Händen getragen zu werden; die glitzernde nächtliche Skyline von einer Cocktailbar über den Dächern der Stadt zu bestaunen. Besonders angenehm: In Sachen Höflichkeit sind die Japaner kaum zu toppen!

An einem klaren Tag kann man den höchsten Gipfel des Fuji sogar von Tokio aus sehen. Aber um die ganze Majestät des 3776 m hohen Vulkans zu erleben, sollte man sich schon näher ranwagen. Ruhe und Entspannung bietet der Kawaguchi-See, 100 km südwestlich von Tokio, von wo man (bei gutem Wetter) ganz aus der Nähe atemberaubende Blicke auf die japanische Ikone wirft, die sich zudem im stillen Seewasser spiegelt.

OBEN Blick auf den Fuji vom Kawaguchi-See aus. Schön, nicht? Der Berg ist leider manchmal in Nebel gehüllt, Gipfelbesteigungen sind nur von Ende Juni bis September möglich.

AB IN DIE FLITTERWOCHEN!

HOCHZEITSHALLEN & GÄRTEN

⟫→ Japanische Hochzeiten finden oft in extra für diesen Zweck errichteten Hallen statt. In Tokio gibt es einige spektakuläre, die für die Öffentlichkeit zugänglich sind. Ganz oben auf der Liste: Meguro Gajoen (www.megurogajoen.co.jp), ein Komplex mit Wänden, die mit Lackbildern, Naturszenen aus Perlmutt-Intarsien und bemalten Holzschnitten im Stil des traditionellen *ukiyo-e* dekoriert sind. Besucht auch die wunderschönen Gärten der Hochzeitshalle Happōen (www.happo-en.com/english). Im ruhigen Teehaus wird man von Damen in Kimonos bedient, während Frischvermählte sich in aufwendigen traditionellen Kostümen vor Bonsai-Bäumen, Steinlaternen und einem pittoresken Teich fotografieren lassen.

Reiseverlauf

Verbringt mindestens ein paar Tage in Tokio und verpasst dabei nicht das stimmungsvolle Viertel Asakusa mit Senso-ji, dem wichtigsten buddhistischen Tempel der Stadt, und Imadojinja, einem Schrein für alle, die Glück in der Liebe und Ehe suchen.

Drei Stunden westlich von Tokio liegt per Bus, Taxi oder Mietwagen der ruhige Kawaguchi-See am Fuß des Fuji. Überquert mit dem Ensoleille-Boot auf einer 20-minütigen Fahrt den See und fahrt dann per Seilbahn 1075 m den Mount Kachi Kachi hoch, wo Panoramablicke auf Japans heiligsten Berg und den See warten. Von Ende Juni bis Mitte September kann man den Gipfel des Fuji auch erwandern.

LINKS Die hellen Neonlichter von Tokio.

RECHTS Auf der Wolken- terrasse des Hoshinoya Fuji heißt es: Zu- rück zur Natur.

© HOSHINOYA FUJI

© HOSHINOYA FUJI

© MATT MUNRO / LONELY PLANET

OBEN In Tokio rangiert die Haute Cuisine auf einem ganz neuen Level.

Ultimative Flitterwochen Erlebnisse

In Tokio gibt es mehr Restaurants mit Michelin-Stern als in Paris und es lohnt sich, in einem davon zu reservieren, zum Beispiel im Kikunoi (www. kikunoi.jp) in Akasaka. Hier werden exquisite saisonale Gerichte serviert, die genauso gut aussehen wie sie schmecken.

—

In Japan sind Shops wahre Konsumtempel, was nirgendwo deutlicher wird als in der Nihonbashi-Filiale von Mitsukoshi, der Grand Dame der Tokio-ter Kaufhäuser. Wenn ihr pünktlich zur Eröffnung um zehn Uhr morgens kommt, werdet ihr von den Verkäufern mit einer choreografierten Darbie-tung begrüßt: Alle verbeu-gen sich gleichzeitig vor euch, während ihr den Laden betretet.

ZUM TRÄUMEN

★ **Aman Tokyo** nimmt die obersten sechs Stockwerke des 38-stöckigen Ōtemachi Tower ein. Die Innenarchitekten ver-wendeten, inspiriert von traditi-onellen Ryokans, natürliche Ma-terialien – dunkle Steine, helles Holz und weißes *washi* (Reis-papier) – fürs elegant-minima-listische Interieur. Die großen Zimmer haben Bäder mit gran-diosem Blick auf die Stadt – wie auch die riesige Steinwanne im *onsen*-Stil im Spa (www.aman. com/resorts/aman-tokyo).

★ Die in einem Nationalpark gelege-ne und von Rotkiefern umge-bene Edelherberge **Hoshinoya Fuji** bietet Luxuscamping am Fuß des Fuji an. Statt im Zelt schläft man hier allerdings in weichen Betten in stylischen, betont reduziert dekorier-ten Betonhütten, von denen jede riesige Fenster und einen Balkon mit Panoramablick auf den Kawaguchi-See und manchmal auch auf den Berg selbst hat (www.hoshinoya fuji.com/en).

Praktisches

 Die südliche Sonne beißt wie ein Hai; unbedingt einen Sonnenhut einpacken, egal zu welcher Jahreszeit.

Darwin Airport, Sydney Airport

LGBT-freundlich ★★★★★

📅 Kimberley ist nur von Mai bis September empfehlenswert. Beste Reisezeit ist Juni bis August: niedrigere Temperaturen und Luftfeuchtigkeit im Nordwesten und mildes Klima plus weniger Besucher an der Ostküste.

€ € € €

OBEN Der Bondi Beach in Sydney, die Weinberge von Barossa Valley und die grandiosen Schluchten von Kimberley bilden auf einer Australien-Tour krasse Gegensätze.

> **TOPP-TIPP**
>
> AUSTRALIEN IST UNGLAUBLICH GROSS. VERGESST BUSSE UND ZÜGE: INLANDSFLÜGE SIND DER EINZIGE WEG, UM VON EINER KÜSTE ZUR ANDEREN ZU KOMMEN.

AUSTRALIEN

Das feuerrote Australien hat viel zu bieten, vom abgeschiedenen Nordwesten bis hin zum belebten Südosten: Abenteuer im Outback, großartige Weingebiete, Sydneys angesagte urbane Strandszene und ein Inseljuwel, das im Südpazifik schwimmt.

○ Abenteuer
○ Essen & Trinken
○ Strand

AB IN DIE FLITTERWOCHEN!

© CATHERINE SUTHERLAND / LONELY PLANET

Kimberley, eine weitläufige Wildnis aus Schluchten, Flüssen und Wasserfällen im Wilden Westen des Landes, ist in der Monsunsaison des tropischen Nordens vom Rest der Welt so gut wie abgeschnitten. Startet eure Flitterwochen hier in einer abgelegenen Luxus-Öko-Lodge, und euch erwartet ein einmaliges Outback-Erlebnis mit Canyon-Wanderungen, Cowboy-Momenten und Offroad-Abenteuern von Weltklasse.

In Südaustralien sind die Weinanbaugebiete rund um Adelaide ideal für Wochenendeskapaden. Nur eine Stunde von der Stadt entfernt stößt man auf Shiraz-Trauben im McLaren Vale und das berühmte Barossa Valley, eine weitere Stunde nördlich liegt das Riesling-Terrain Clare Valley. Am besten, ihr radelt von einer Kelle-rei zur nächsten, bevor ihr euch in euer Luxus-B&B zurückzieht.

Sydney ist *die* Metropole Australiens, eine echte Weltstadt mit fantastischem Hafen. Nehmt eine der Fähren und badet am Bondi Beach, besucht im Sydney Opera House eine Vorstellung (oder macht zumindest ein Instagram-Foto) und schlürft an der schicken Opera Bar am Wasser einen Cocktail, bevor ihr euch zum edlen Meeresfrüchte-Dinner aufmacht.

Kurz vor der Küste liegt Lord Howe Island, Weltnaturerbe und vielleicht Australiens am meisten unterschätztes Ferienziel mit einem Meeresschutzgebiet, zu dem das südlichste Korallenriff der Erde gehört. Da höchstens 400 Besucher gleichzeitig die Insel betreten dürfen, ist ein einmaliges Erlebnis in romantischer Zweisamkeit garantiert.

Reiseverlauf

Fliegt über Darwin nach Kununurra in Westaustralien. Von dort gibt es einen Transfer zu eurer Unterkunft im El Questro Station Township (siehe „Zum Träumen") – die perfekte Basis für Wanderungen in der unwirklichen Kimberley-Region.

≫⟶

Es geht zurück nach Darwin.

Fliegt von dort südlich nach Adelaide, dem Herzen der australischen Spitzenweinproduktion. Fahrt mit einem Mietwagen durch die Weinberge.

≫⟶

Fliegt nach Sydney. Hier braucht ihr kein Auto, denn der öffentliche Nahverkehr ist hervorragend, und in Downtown

kann man alles zu Fuß machen. Die Museen, Strände, Weinbars, Restaurants und Jazzschuppen der Stadt empfangen euch mit offenen Armen.

≫⟶

Noch ein Inlandsflug, und ihr erreicht Lord Howe Island mit komfortablem Hotel-Resort und entspannten Strandtagen.

ZUM TRÄUMEN

★ Die 400 000 ha
große, ehemalige
Viehfarm **El Questro Station
Township** bietet Extras und
Annehmlichkeiten, die man
mitten in Kimberley nicht erwarten würde, inklusive des
besten Restaurants der Region. Ranger können jede Art
von Wildnisaktivität organisieren, darunter auch Helikopter-
touren. Schlafplätze gibt es für
jede Brieftasche: Camping auf
der einen, für Hochzeitsreisende die Homestead nur für
Erwachsene auf der anderen
Seite (www.elquestro.com.au).

★ Das im histori-
schen State Theatre
im Zentrum von Sydney ge-
legene **QT Sydney** ist schick,
frech und total schräg. Die
zwölf Zimmer sind mit ver-
rückten Art-déco-Elementen,
Retrospielen und Martini-Bar-
sets ausgestattet. Dazu gibt
es auf dem Gelände ein Spa,
einen Barbier (!) und eine hippe Bar-Grillrestaurant-Kombi
für den Fall, dass ihr mal keine
Lust habt, das Hotel zu verlassen (www.qtsydney.com.au).

Ultimative Flitterwochen Erlebnisse

Bondi Beach ist der größ-
te und beste Strand in
Sydney – ein tiefgoldener
Sandbogen am Pazifik.
Hier sitzen Backpacker
und Surfer neben Models
und Anzugträgern und
schlendern zum hypnoti-
schen Rhythmus der Wel-
len zwischen den Cafés hin
und her. Ein Tag an diesem
Strand ist ein urtypisches
Australien-Erlebnis.

—

Viele kommen nach
Lord Howe Island, um zu
schnorcheln, zu tauchen,
zu segeln, Kajak zu fah-
ren oder einfach nur am
Strand abzuhängen. Unser
Tipp? Die Besteigung des
Mount Gower gilt als eine
der besten Tagestouren
Australiens. Die 875 m bis
zum Gipfel führen durch
üppige Wälder und lassen
sich am besten auf einer
geführten Tour bewältigen.

PER FAHRRAD AUF DEM RIESLING TRAIL

⟫→ Der Riesling Trail windet sich durch die Weinberge der süd-
australischen Weinregion Clare Valley, die für ihren nach Sommer
duftenden Riesling berühmt ist. Die 33 km lange Fahrradroute folgt
einer alten Eisenbahnstrecke zwischen Auburn und Barinia. Mietet
euch Fahrräder oder ein Tandem (inklusive Weinregal) und radelt
vorbei an Dutzenden von einladenden Kellereien. Die malerische
Strecke ist gut markiert, gut in Schuss – und hat als Ex-Bahnstrecke
auch keine steilen Abschnitte! Lasst den Tag in eurem hübschen
B&B-Steinhäuschen mit ein oder zwei Flaschen des regionalen
Tropfens ausklingen (www.rieslingtrail.com.au).

AB IN DIE FLITTERWOCHEN!

TOPP-TIPP

WER MIT DEM AUTO REIST, SOLLTE ENTFERNUNGEN NICHT UNTERSCHÄTZEN, AUCH WENN STRECKEN AUF DER KARTE KURZ ERSCHEINEN: DIE STRASSEN SIND OFT SCHMAL UND KURVENREICH.

Praktisches

Queenstown Airport,
Christchurch Airport

💼 Es empfiehlt sich, mehrere Kleiderlagen übereinander zu tragen, da das Wetter schnell umschlagen kann.

📅 Juni bis September für die Skipisten oder Dezember bis Februar für klare Sommerhimmel und sonnige Tage im Freien

€ € €

LGBT-freundlich ★★★★★

🔵 Outdoor
🟠 Essen & Trinken
🔵 Abeneteuer

SÜDINSEL, NEUSEELAND

Neuseeland sieht einfach wahnsinnig gut aus, vor allem die Südinsel bietet eine atemberaubende Szenerie nach der anderen. Zwischen zahlreichen Fotostopps liegen exklusive kleine Weingüter, famose Restaurants, hochklassige Unterkünfte und ein schier unendliches Angebot an Outdoor-Aktivitäten.

Queenstown ist der absolute Hotspot: hyperaktiver Skiort im Winter und supermalerisches Outdoor-Zentrum im Sommer. Probiert Bungeejumping, fahrt Ski, paddelt mit dem Kajak über den traumhaften Milford Sound, wandert auf einer geführten Luxustour den beeindruckenden Milford Track entlang oder unternehmt einen sensationellen Helikopterflug über den Berg Aoraki/Mount Cook und die Gletscher der Westküste.

An gechillteren Tagen bietet sich eine Probiertour durch die nahe gelegene Weinregion Gibbs-ton an, inklusive edlem Lunch auf einem Weingut. Abends locken Queenstowns hippe Restaurants und Après-Ski-Barszene.

Christchurch ist im Kommen – und das kulturelle Zentrum der Südinsel. Von hier aus kann man mit der legendären TranzAlpine-Bahn, auf einer der landschaftlich reizvollsten Bahnstrecken der Welt, Tagestrips durch die Berge von einer Inselseite zur anderen machen. Oder ihr erkundet die vulkanische Halbinsel Banks und das fotogene Städtchen Akaroa, wo französische Kolonisten 1840 die Trikolore hissten.

© CHAMELEONSEYE / GETTY IMAGES

OBEN Die südlichen Weinstöcke werden von Schneegipfeln überragt.

AB IN DIE FLITTERWOCHEN!

Fliegt direkt nach Queenstown. Spaziert am See entlang und besucht ein paar Bars, bevor's zum Ski- oder Mountainbike- fahren oder in ein Wein- gut geht. Bucht eine Lu- xuswanderung durch die Fjordlandschaft des Mil- ford Track mit netten Lod- ges und allabendlich fri- schem Essen (ultimate hikes.co.nz), Kajakfahrten auf dem Milford Sound oder einen Rund- flug (glenorchyair.co.nz).

Ab nach Christchurch, ei- ner Stadt, die sich mit voll Energie und Kreativität von den schweren Erdbe- ben von 2011 und 2016 erholt. Durchstreift den botanischen Garten, fahrt Boot auf dem Avon River oder macht einen Tages- trip zur Banks Peninsula.

Fahrt mit dem TransAl- pine-Zug (kiwirailscenic. co.nz/tranzalpine) über die Southern Alps – oder nach Norden in die Wein- region Marlborough mit ihrem Sauvignon blanc.

Weiter nördlich beherbergen die sonnigen Nordflanken der Südinsel die Weinregion Marlbo- rough. Hier kann man von Wein- gut zu Weingut radeln und lange Nachmittage in hochklassigen Weinkellern verbringen.

© SCOTT FAIRCHILD / 500PX

© MASTAPIECE / SHUTTERSTOCK

OBEN Auf Bungee-Sprünge in Queens- town folgt Kultur in Christchurch.

DAS WEISSE PULVER

>>>→ Für passionierte Pulverschneefans hat Queenstown zwei fabelhafte Skigebiete in petto: die Remarkables und Coronet Peak (www.nzski.com). Coronet Peak ist das einzige Gebiet, wo man nachts Ski fahren darf – ein magisches Erlebnis unter klarem Sternenhimmel. Die Skisaison geht in der Regel von Juni bis September; die örtlichen Geschäfte haben eine große Auswahl an Skiausrüstung zum Kaufen und Mieten. Außerhalb der Haupt- saison ist Heli-Skiing eine Option für Hardcore-Skifahrer: Dabei wird man von Helikoptern auf die hohen Schneepisten gefahren, die man dann runterbrettern kann (www.heliskinz.com).

Ultimative Flitterwochen Erlebnisse

Als bestes Weingut-Restaurant in Queenstowns Weinregion Gibbston gilt Amisfield, ein attraktives Steingebäude mit Blick auf den hübschen kleinen Lake Hayes. Das Bistro serviert herausragendes Essen – am besten wählt man das „Trust the Chef"-Menü. Trinkt die zweite Flasche Pinot Noir draußen auf der sonnigen Terrasse (amisfield.co.nz).

—

Der Milford Sound ist eine *laaange* Tagereise von Queenstown entfernt, aber ein Highlight der Region. Wer nicht hetzen will, übernachtet im nahe gelegenen Te Anau. Macht eine Bootstour zu den Bowen Falls, Mitre Peak, Anita Bay und den Stirling Falls (real journeys.co.nz) oder eine geführte Kajaktour (roscos milfordkayaks.com).

ZUM TRÄUMEN

★ Das **Dairy** war einst ein Eckladen und ist nun eines der besten Luxus-B&Bs von Queenstown. Seine 13 Zimmer sind mit Edeldetails wie Designerbettwäsche ausgestattet, dazu gibt es draußen einen fantastischen Jacuzzi mit traumhaftem Blick auf die Berge. Im Preis inbegriffen sind ein englisches Frühstück und frische Backwaren zum Nachmittagstee (www.thedairy.co.nz).

★ Die 53 hübschen Zimmer im **George** in Christchurch befinden sich in einem nach 1970er aussehenden (und ziemlich hippen) Gebäude am Hagley Park, der an Downtown „Chch" angrenzt. Das Serviceteam erfüllt jeden Wunsch, zur Nobelausstattung gehören riesige Fernseher, Luxuskosmetika, Hochglanzmagazine und zwei hochgepriesene In-House-Restaurants. Nicht übel, George (thegeorge.com)!

AB IN DIE FLITTERWOCHEN!

© PHOTOTRAVELLERS / SHUTTERSTOCK

Praktisches

🧳 Unbedingt Sonnencremes und Kosmetika einpacken – auf den Inseln herrschen Apothekenpreise.

📅 Von Januar bis April ist es trocken mit niedriger Luftfeuchtigkeit; September und Oktober sollte man meiden, da in dieser Zeit manchmal Hurrikans auftreten.

✈ Princess Juliana International Airport (SXM) auf Sint Maarten; San Juan Luis Muñoz Marín International Airport (SJU) auf Puerto Rico

€ €

LGBT-freundlich Saba, St-Barth ★★★★★
Sint Maarten/St Martin, Puerto Rico ★★★★☆
Anguilla ★★★☆☆

(Jene karibische Inseln, die Überseegebiete europäischer Staaten sind, sind generell LGBT-freundlicher. Die gleichgeschlechtliche Ehe ist in Saba und St. Barth legal.)

- ○ Strand
- ◎ Entspannung
- ● Kultur

INSEL-HOPPING IN DER KARIBIK

Apricotfarbener Sand, azurblaues Wasser, Vulkangipfel, Palmen, Streetfood und kreolische Fusion-Küche – die Inseln unter dem Winde sind ein Karibiktraum. Zumal es immer einfacher wird, etwa zwischen St. Barth, Sint Maarten/St. Martin und Saba hin und her zu hüpfen.

LINKS Die Strände von St. Barth locken die Reichen und Schönen an, Saba (unten) hat seltene Tiere und Urwaldabenteuer zu bieten.

Vorbei die Tage, als man eine Hochzeitsreise in die Karibik nur mit Stränden und Cocktails verband. Heute sind die Inseln über dem Winde – viele von ihnen Überseegebiete europäischer Staaten – faszinierende Reiseziele, die die lokale Kultur und die Leichtigkeit einer Sommerbrise mit den Vorzügen ihrer Mutterländer verbinden. Dank des kontinuierlich ausgebauten Fährverkehrs und der zunehmenden Zahl an Flugverbindungen sind sie für Urlauber so zugänglich wie noch nie – auf einer Reise kann man leicht mehrere Stopps einlegen.

Startet etwa im multikulturellen Sint Maarten/St. Martin, einer Insel, die so begehrt ist, dass Frankreich und die Niederlande beschlossen, sie sich zu teilen. Die französische Seite wartet mit exotischen Aromen auf, während die holländische Seite das Sprungbrett nach Anguilla ist – einer Kalksteininsel mit den verbrieft besten Stränden der Karibik, die in einem unbeschreiblichen Türkis schimmern.

Barthélemy ist der Schutzheilige der Eleganz und auf der nach ihm benannten Insel herrscht ein *savoir faire* ganz eigener Ausprägung – sie gehört schließlich zu Frankreich! Neben ihrer glamourösen hat St. Barth aber auch eine pittoresk-bodenständige Seite.

Das niederländische Smaragdinselchen Saba kann zwar nicht mit Stränden punkten, dafür aber mit einem Vulkan im Dschungel und weltberühmten Tauchstellen. Ihre Urwälder beheimaten ungewöhnliche Tiere, die auf den stärker entwickelten Nachbarinseln längst ausgestorben sind.

95

Fliegt nach Sint Maarten/ St. Martin und genießt auf der französischen Seite bei Grand Case kreolische Fusion-Küche und angesagte Strände wie Baie Orientale mit Euro-Club-Flair und breitem Wassersportangebot.

Auf Saba (90-minütige Bootsfahrt oder 10-minütiger Flug) könnt ihr im National Marine Park tauchen und auf dem Santa Cruz Trail wandern.

Das lässig-stylische St. Barth lockt mit einsamen Buchten und überraschend provinziellem Charme der Kleinstädte Lorient und Corossol.

Wenn ihr noch Zeit habt, hüpft rüber nach Puerto Rico (ca. einstündiger Flug), um im historischen San Juan die Antillen-Version einer Großstadt zu erleben. Besucht Vieques nebenan, wo winzige Algen das Meerwasser nachts zum Leuchten bringen.

TOPP-TIPP

FINDET VOR ORT HERAUS, WO MAN DIE BESTEN LOKALEN GERICHTE BEKOMMT. DAS SIND OFT BBQ-ZELTE ODER STÄNDE AM STRASSENRAND, DIE KEINE WEBSITE HABEN.

© FRANS LEMMENS / GETTY IMAGES

© ROBERT CHIASSON / GETTY IMAGES

ZUM TRÄUMEN

★ Mit das Beste an St. Barth ist die Entdeckung, dass die Insel abseits all der Pop- und Möchtegern-Stars, die hier zu finden sind, ein überraschend entspanntes Urlaubsziel ist. Die Insel ist außerdem ein Villenparadies – private Unterkünfte mit Pools und fantastischen Ausblicken aufs Meer finden sich in den Buchten und in den Bergen. Beauftrag eine lokale Ferienhausvermittlung anstelle eines Online-Portals damit, für euch eine Bleibe mit Rundumservice zu suchen. Wenn ihr Hotels bevorzugt, empfiehlt sich **Le Guanahani** (www.leguanahani.com), das von der farbenfrohen Holzfassade über den verschnörkelten Zuckerbäckerstil bis hin zu den unzähligen Schatten spendenden Palmen karibischen Charme versprüht.

VON INSEL ZU INSEL

⫸→ Inselhopping in der Karibik ist angesagt, jetzt, wo die Touristenzahlen stetig steigen und deshalb die Infrastruktur für Reisen zwischen den Inseln verbessert wurde. Kleine Fluggesellschaften bieten nun mehr Flüge an und die Fähren verkehren häufiger. Gut miteinander vernetzt sind etwa St. Lucia, Martinique und Dominica: Es verkehren öffentliche Boote und die Inseln haben sowohl Natur als auch Kultur zu bieten. Oder ihr steuert die (britischen und amerikanischen) Virgin Islands an, wo es jede Menge Segelschiffe zu mieten und kleine Inselchen mit jeweils nur einem Resort gibt. Der strenge Naturschutz hat hier dafür gesorgt, dass die Natur noch inktakt ist: Der Nationalpark auf St. John umfasst zum Beispiel 60 % der Insel.

Ultimative Flitterwochen Erlebnisse

Mietet ein Privatboot und schippert damit zu einer der kleineren Sandbänke oder unbewohnten Inselchen in der Nähe größerer Inseln, um dort einen romantischen Tag mit Rumpunsch, frischen Meeresfrüchten und blauem Meer, soweit das Auge reicht, zu verbringen.

—

Lernt das Produkt näher kennen, das die Karibik berühmt gemacht hat: Rum aus Zuckerrohr. Bei Tastings erfährt man (auf feucht-fröhliche Art) mehr über die regionalen Gebräuche. Einige der Inseln (vor allem die französischen) nehmen den Drink ihrer Wahl sehr ernst und stellen Rumsorten her, die – ähnlich wie Wein – durch das Anbaugebiet und die salzhaltigen Winde beeinflusst werden.

AB IN DIE FLITTERWOCHEN!

TOPP-TIPP

DURCH DEN REGENWALD ZU WANDERN, KANN ZIEMLICH MATSCHIG WERDEN. ABER HILFE IST NICHT WEIT: IN DER NÄHE DER HAUPTWANDERWEGE PARKEN MÄNNER MIT VANS, DIE FÜR EIN PAAR TT-DOLLAR GUMMISTIEFEL VERLEIHEN.

TOBAGO

Eine Karibik-Hochzeitsreise mit idyllischen Stränden und viel Lokalkolorit? Da ist die ruhige Insel unschlagbar. Und nachts erlebt man hier eines der bezauberndsten Naturschauspiele überhaupt.

Tobago steht für die unbekanntere, authentischere Karibik. Auch hier gibt es Traumstrände, aber ohne Schickimicki und Wellnessoasen überall. Und ohne die hässlichen Betonsiedlungen und die hohe Kriminalitätsrate der großen Bruderinsel Trinidad. Tobago ist ein bodenständiges Paradies – was nicht bedeutet, dass man hier keine himmlischen Flitterwochen verbringen kann. Im Gegenteil, sie werden zur unverwechselbaren Erinnerung, eben weil Tobago kein Garten- oder Strandparadies wie jedes andere ist.

Im zerklüfteten Landesinneren liegt der weltweit älteste offiziell geschützte Regenwald, das Main Ridge Forest Reserve, mit einer unglaublichen Vogelvielfalt. Meeresschildkröten brüten von März bis August an den nordwestlichen Stränden. Zu beobachten, wie die Weibchen ihre Eier ablegen, ist ein bewegendes Schauspiel (bei dem man sich verantwortungsbewusst verhalten sollte, siehe sostobago.org). Darüber hinaus gibt es gute Tauchmöglichkeiten, einige historische Forts und jede Menge Fischerdörfer mit nettem lokalen Flair. Einfach unter Palmen faulenzen und Strandspaziergänge bei Sonnenuntergang gehen natürlich auch.

Wer im Februar/März anreist, erlebt den Karneval in Trinidad & Tobago – den größten in der Karibik mit Tausenden von Teilnehmern – und kann so die Naturerlebnisse mit ein paar wilden Partys kombinieren.

UNTEN Der Karneval von Trinidad & Tobago im Februar/März ist die größte Party in der Karibik.

© JOHN DE LA BASTIDE / SHUTTERSTOCK

UNTEN Pigeon Point ist zu Recht berühmt –
sollte aber besser gemieden werden, wenn
ein Kreuzfahrtschiff im Hafen liegt.

TISCH FÜR ZWEI

⟫→ Probiert ein paar der lokalen Spezialitäten auf Tobago, zum Beispiel *doubles* (geröstetes Brot mit Kichererbsen), *roti* und *crab 'n' dumplin'* (Krabben und Teigtaschen). Ein wahrhaft unvergessliches Erlebnis bietet Table for Two (www.tablefortwomade foryou.com): Die Köchin, Künstlerin und Yogalehrerin Elspeth Duncan serviert individuelle vegetarische Menüs für zwei auf einer Terrasse unter den Sternen oder in einer Überraschungs-Location. Ein Fahrer bringt euch zum Ort des Geschehens. Das Dinner wird nur freitags und samstags und jeweils nur für ein einziges Paar ausgerichtet – ist also wirklich etwas ganz Besonderes!

Gewöhnt euch ans Inselleben bei Entspannung pur am Strand. Meidet Pigeon Point, wenn ein Kreuzfahrtschiff anlegt. Ruhiger ist es in Bacolet Bay oder auf einer Bootstour zu einsamen Buchten (inklusive Sundowner).

Wandert einen Tag lang im Urwald des Main Ridge Forest Reserve. Ein Führer zeigt euch die Vogelwelt.

Erforscht den weniger touristischen Nordosten. Segelt nach Little Tobago, einem unbewohnten Vogelreservat, und bucht vom Fischerdorf Speyside aus Touren zu Tauchplätzen der Spitzenklasse.

Besucht am Sonntag die „Sunday School", ein Straßenfest, das allwöchentlich von 20 Uhr bis zum Morgen im Dorf Buccoo gefeiert wird.

OBEN Verbummelt eure Zeit in den Hängematten im Castara Retreats.

OBEN Strände mit brütenden Schildkröten und Wälder voller Kolibris belohnen Reisende für die weite Anreise nach Tobago.

Ultimative Flitterwochen Erlebnisse

Fahrt hinaus zur Lovers' Bay, einem Strand, wie gemacht für Hochzeitsreisende. Der Sand in Gold- und Rosé-Tönen am ruhigen, türkisfarbenen Meer ist nur per Boot zugänglich und deshalb paradiesisch leer. Bittet einen Fischer aus Charlotteville, euch dort abzusetzen – und wieder abzuholen!

—

Macht mit dem Stand-Up-Paddelboard eine nächtliche Tour zur Lagune Bon Accord, einem Hotspot für leuchtendes Plankton. Wenn man seine Hand ins Wasser taucht, explodiert das Wasser förmlich in Lichtblitzen und -schleifen. Besonders eindrucksvoll ist das bei Neumond, wenn der Himmel am dunkelsten ist. (standup paddletobago.com)

ZUM TRÄUMEN

★ **Castara Retreats** ist ein familienbetriebenes Öko-Resort am Hang hinter dem Dorf Castara. Jede der baumhausartigen Villen hat Meerblick, eine Hängematte für zwei – und Charakter. Castara arbeitet eng mit den Locals zusammen: Die Angestellten kommen aus der Gegend, Firmen vor Ort werden unterstützt und die Gäste dazu ermutigt, den Fischern beim Einholen des Fangs zu helfen (castararetreats.com).

★ **Adventure Eco Villas**, in einem Naturreservat und einer tropischen Farm in Arnos Vale gelegen, besteht aus zwei rustikalen Holzhütten auf Pfählen mit kleiner Küche und gemeinsamer Veranda. Kolibris surren um die Futterhäuschen herum, nachts übernehmen dann die Fledermäuse. Gäste dürfen im Garten Obst von den Bäumen naschen (www.adventure-ecovillas.com).

AB IN DIE FLITTERWOCHEN!

© MARK READ / LONELY PLANET

© LEO MASON TRAVEL PHOTOS / ALAMY

© MARK READ / LONELY PLANET

Praktisches

✈ Havanna

LGBT-freundlich ★★★☆☆

💼 Im Koffer Platz lassen für eine Flasche Havana-Club-Rum: Er ist hier lächerlich billig und perfekt für nostalgische Mojitos nach der Heimkehr.

📅 Von November bis März ist es trockener und kühler, aber die Preise sind höher; von Juni bis Oktober ist es heißer als heiß und es besteht Hurrikan-gefahr.

€ €

OBEN Die *mogotes* genannten Kalkfelsen im Valle de Viñales sind absolut faszinierend: So mancher Besucher wollte das Tal nie wieder verlassen.

KUBA

Kuba ist die etwas andere Karibik. Frischvermählte werden den romantischen Zeitreise-Charme der Städte, die rumseligen Nächte voller Musik in Havanna und die von der Unesco als Weltnaturerbe eingestuften Täler lieben. Aber das Beste sind die Menschen: warmherzig, gastfreundlich und jederzeit bereit, mit Besuchern zu feiern.

Kultur

Abenteuer

Strand

AB IN DIE FLITTERWOCHEN!

© MARK READ / LONELY PLANET

© KAMIRA / SHUTTERSTOCK

Oldtimer und verblichene Eleganz: Nichts ist romantischer, als durch die Gassen von Havanna zu schlendern, wo Kinder Baseball spielen, Pärchen knutschen und man zum live gespielten Rhythmus des *son* in Straßencafés und verruchten Bars Mojitos schlürft. Willkommen in dem Teil der Karibik, der von der Zeit vergessen wurde.

Havannas breite Boulevards, abbröckelnde Pracht und berühmte Meerespromenade Malcón, wo die ganze Stadt sich bei Sonnenuntergang trifft, sind nur der Anfang des Flitterwochen-Abenteuers. Westlich von Havanna liegt das Valle de Viñales, eine malerische Landschaft, beliebt bei Radlern und Kletterern, berühmt für Spitzentabak und die *mogotes* – Kalkfelsen, die spektakulär aus der roten Erde ragen.

Im Osten erstrahlen die hellen Lichter von Varadero, einem wunderschönen Streifen schneeweißen Sandes mit Luxusresorts. Weiter südlich findet man kommunistische Propaganda an der berüchtigten Schweinebucht – heute eher als Top-Tauchlocation als als Stätte einer gescheiterten US-Invasion bekannt. Oder die architektonisch beeindruckenden Städte Cienfuegos und Trinidad, Unesco-Weltkulturerbe, von Künstlern verewigt und bei Reisenden wegen ihrer entspannten Atmosphäre und hübschen Kopfsteinpflastergassen beliebt.

Unterwegs stößt man auf ein Netzwerk traditioneller Herbergen (viele davon gehobene Gästehäuser), auf freundliche Einheimische und eine einmalige Kultur. Kommt nach Kuba, es erwartet euch eine Hammerzeit!

Reiseverlauf

Startet in Havanna mit einem Mojito, klappert Hemingways Lieblingsbars ab und schlendert romantisch bei Sonnenuntergang den Malecón entlang.

Gönnt euch was Besonderes, mietet einen Oldtimer (samt Fahrer), fahrt nach Viñales und bewundert dort von einer Hängematte aus die beeindruckende Landschaft, fahrt ein bisschen Rad und besucht eine Tabakplantage.

Zurück nach Osten: vielleicht Tauchen an der Schweinebucht oder eine Palast-Tour in Cienfuegos? Im fotogenen Trinidad warten Cowboy-Kultur, Wanderungen und Einblicke in die faszinierende Religion Santería.

Erforscht den Osten weiter oder fahrt zurück nach Havanna, besucht unterwegs Varadero oder eine der Cayos – etwa Hemingways Lieblingsinsel Cayo Guillermo – an der Nordküste: Karibik-Strandzeit!

LINKS Genießt das Leben in Havanna, wo Mojitos und Straßenfeste nie weit sind.

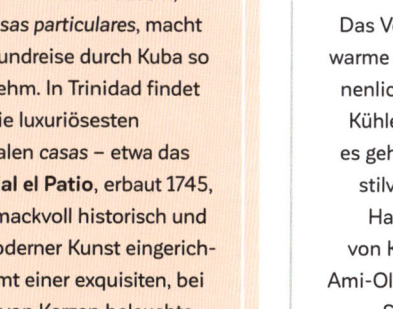

★ **Conde de Villa-nueva** ist ein wunderschönes Beispiel für eine restaurierte Kolonialvilla in der Altstadt von Havanna: nur neun luxuriöse Schlafzimmer, umgeben von einem begrünten Innenhof inklusive ansässigem Pfau. Es gibt sogar einen Inhouse-Zigarrenladen und einen *torcedor* (Zigarrenroller) für Gäste, die eine von Kubas weltberühmten Glimmstängeln probieren wollen (www.habaguanexhotels.com).

★Nicht zuletzt das dichte Netzwerk an gehobenen Gästehäusern, den *casas particulares*, macht eine Rundreise durch Kuba so angenehm. In Trinidad findet man die luxuriösesten kolonialen *casas* – etwa das **Colonial el Patio**, erbaut 1745, geschmackvoll historisch und mit moderner Kunst eingerichtet, samt einer exquisiten, bei Nacht von Kerzen beleuchteten Gartenterrasse (elpatio.trinidadhostales.com).

Das Verdeck unten, eine warme Brise und das Sonnenlicht, das sich in der Kühlerhaube spiegelt ... es geht nichts über eine stilvolle Fahrt durch Havanna in einem von Kubas legendären Ami-Oldtimern. Eine kurze Spritztour den Malecón runter kostet nur ein paar Dollar, man kann aber auch über Havana Super Tour eine längere individuelle Tour buchen (campanario63.com).

—

Das ultimative Kuba-Erlebnis ist ein Ausritt mit privatem Cowboy-Führer in die Hügel um Trinidad. Dabei trabt ihr u. a. zum ruinenreichen Valle de los Ingenios und besucht einen Wasserfall, wo ihr schwimmen und euch einen Cuba Libre genehmigen könnt.

CHE & KOMMUNISMUS

⋙⟶ Kubas Verhältnis zum Kommunismus ist kompliziert, faszinierend und voller Propaganda. Streetart, Werbetafeln und Museen feiern Che Guevaras Kultstatus und die Revolutionsstätten sind, unabhängig von eurer persönlichen politischen Ausrichtung, jeden Besuch wert. Seht euch in Havanna die Plaza de la Revolución an, einen riesigen Platz, auf dem politische Demos stattfinden und auf den Che und Castro von gigantischen Wandbildern herabblicken. Verpasst auch nicht das Museo de la Revolución im ehemaligen Präsidentenpalast. In der Schweinebucht widmet sich das Museo de Playa Girón der berüchtigten US-Invasion, die sich 1961 mitten im Kalten Krieg zutrug.

AB IN DIE FLITTERWOCHEN!

TOPP-TIPP

DIE STRÄNDE SIND IN NICARAGUA ZWAR ÖFFENTLICH, ABER BEI VIELEN, DIE AN DER PAZIFIKKÜSTE LIEGEN, FÜHRT DER ZUGANG DURCH PRIVATLAND. MIETET EIN BOOT, UM DIE ABGESCHIE-DENSTEN PARADIESE ZU ERREICHEN.

Praktisches

Managua International Airport

🧳 Insektenspray und Sonnenschutz einpacken! Ein dünnes, langärmliges Hemd oder eine Bluse und lange Hosen sind gut gegen Mücken.

📅 Die Hochsaison geht von Dezember bis April. An den Übergängen zur Hochsaison findet man bessere Angebote, es könnte allerdings regnen.

€ € €

LGBT-freundlich ★★★☆☆
(Nicaragua ist ein sicheres Reiseland für LGBT-Urlauber, aber man sollte öffentliche Zuneigungsbekundungen vermeiden – es herrscht lateinamerikanischer *machismo*.)

○ Abenteuer
○ Strand
● Kultur

NICARAGUA

Manchmal unerwartet, aber immer poetisch: Nicaragua ist die etwas andere Art eines Paradieses. Unter tropischem Himmel können abenteuerlustige Honeymooner surfen lernen, vor Karibikinseln schnorcheln oder bei Sonnenuntergang durch Kolonialstädte flanieren.

Nicaragua grenzt sowohl an die Karibik als auch an den Pazifik und scheint für Wasser-Fans wie gemacht. Angesichts des leicht verfallenen Charmes von Kolonialstädten wie Granada und León, wunderschönen Naturschutzgebieten und den total entspannten Corn Islands mit ihren glitzernd-weißen Sandstränden und Weltklasse-Schnorchel-Locations besteht nur eine Gefahr: dass ihr euer Rückflugticket zerreißt.

An der raueren Pazifikküste liegen einige der weltbesten Surfspots für Experten und Neulinge. Am intensivsten erlebt man Nicaraguas Surfszene, wenn man eine Woche (oder einen Monat!) in einem der Surfcamps verbringt, die Unterricht, Boards, Bier und Lagerfeuer anbieten. Die Sonnenuntergänge und exklusiven, palmengesäumten Strände sind romantisch und gratis.

Für Hochzeitsreisende, die etwas mehr Luxus wollen, gibt es viele neue Boutiquehotels und traumhafte Kolonialvillen mit einem Hauch Glamour aus der guten alten Zeit. Und das Beste? Nicaragua ist erst seit der letzten Dekade angesagt, die meisten Bewohner sind total entspannt, ihre fröhliche Kultur heißt jeden willkommen – und das Tragen von Schuhen ist optional.

LINKS In Städten wie León und Masaya erzählen Kolonialkirchen spannende Storys.

© DESIGN PICS INC / ALAMY

© MARGIE POLITZER / GETTY IMAGES

© JANE SWEENEY / GETTY IMAGES; © PAOLA BONILLA / 500PX

Beginnt mit eurem Abenteuer im kolonialen Meisterwerk Granada, wo man auch App-Führungen durch die geschichtsträchtigen Straßen machen kann.

Besucht auf eurer Reise nach Süden die Isla de Ometepe. Dort werdet ihr mit Zwillingsvulkanen, unwiderstehlichen Sonnenuntergängen, tropischen Wasserfällen, großartigen Wanderpfaden und Nebelwaldnaturreservaten belohnt.

Entspannt am Pazifik, lernt Surfen oder genießt den Ausblick – in einem der kleinen Surfercamps oder in einem Luxusresort nördlich und südlich von San Juan del Sur.

Krönt eure Reise mit einem Flug zu den Corn Islands: authentische kreolische Küche, glasklares Meer, weiße Strände, himmlische Ruhe.

© ANTHONY BENGER / SHUTTERSTOCK

OBEN Vulkane schlummern in ganz Nicaragua.

RECHTS Die Straßen der wunderschönen Kolonialstadt Granada atmen Geschichte.

© REGULA HEEB-ZWEIFEL / GETTY IMAGES

TAGESTOUREN RUND UM GRANADA

≫→ Granada ist ein Juwel, aber auch außerhalb des Orts gibt es viel zu erkunden: Dörfer mit traditioneller Handwerkskunst, kleine Inseln im See, Vulkane und Naturreservate. Auf einer empfehlenswerten Tagestour geht es zum Beispiel morgens zum Mombacho-Vulkan für eine kurze Wanderung und eine Zipline-Tour durch die Baumwipfel. Von dort aus könnt ihr einen Abstecher zu den Pueblos Blancos machen, um Souvenirs zu kaufen oder nachmittags im türkisfarbenen Wasser der Laguna de Apoyo zu baden. Touren bieten Privattaxis oder das Hotel Con Corazon in Granada (www.hotel concorazon.com) an, das lokale Bildungsinitiativen unterstützt.

Ultimative Flitterwochen Erlebnisse

Mit seinem Kopfsteinpflaster, den Kolonialkirchen und extravaganten Nobelhotels ist Granada ein Highlight. Fahrt erst mit einer romantischen Pferdekutsche durch die Stadt und erklimmt dann den Kirchturm der großartigen Iglesia La Merced, um das Altstadtpanorama bei Sonnenuntergang zu bewundern.

—

Glitzernde Strände ohne Chichi: Little Corn Island verkörpert alles, was man sich unter Flitterwochen vorstellt. Keine Autos, keine Straßen, nur ein perfekter Strand, romantische Bungalows direkt am Wasser und ringsum das Karibische Meer. Frühmorgens tauchen oder schnorcheln und anschließend ein kreolisches Frühstück: Flitterwochenleben auf den Corn Islands!

ZUM TRÄUMEN

★ Nördlich von San Juan del Sur liegt das **Mukul Resort** am smaragdgrünen Bogen eines Privatstrands. Der einsame Flecken verströmt Eleganz und Kultiviertheit. Am schönsten wohnt es sich in einer der Strandvillen mit privatem Pool und verstecktem Garten mit Außendusche. Es gibt gute Wellen, einen Golfplatz, einen Wellnessbereich und nahe Naturreservate (www.mukulresort.com).

★ Lasst euch im stimmungsvollen **Casa del Consulado** in die Kolonialzeit zurückversetzen, als es noch plündernde Piraten, Rätsel und Geheimnisse, Prunk und Romantik gab. Das historische Boutiquehotel im Herzen Granadas bietet einen zentralen Pool, antike Möbel, Wellnessanwendungen und hohe Zimmer mit Bambusdecken (www.hotelcasaconsulado.com).

AB IN DIE FLITTERWOCHEN!

MEXIKO, HALBINSEL YUCATÁN

Praktisches

Insektenspray, Sonnenschutz, Führerschein, Pass, Kreditkarte und leichte, luftige Kleidung nicht vergessen.

Cancún ist der internationale Hauptflughafen; von den USA aus kann man auch Merida anfliegen.

April bis Juni meiden, weil dann die Temperaturen bis auf 35 °C steigen; von November bis Januar ist es kühler.

€ €

LGBT-freundlich ★★★★★

○ Outdoor
○ Strand
● Kultur

HALBINSEL YUCATÁN, MEXIKO

Karibische Strände, beeindruckende Naturerlebnisse, koloniales Flair, Maya-Ruinen: Das mexikanische Yucatán ist ein großartiges Reiseziel – und hat sogar ein paar spektakuläre Orte im Angebot, wo man nicht über andere Frischvermählte stolpert.

© JUSTIN FOULKES / LONELY PLANET

© LUIS JAVIER SANDOVAL / GETTY IMAGES

© CARIBBEAN / ALAMY

LINKS Taucher im Cenote Chac-Mool; auch Flamingos gibt es auf Yucatán. Das Fischerdorf Mahahual ist eine entschleunigte Alternative zu Cancún.

Die Halbinsel Yucatán ist Mexikos Top-Touristenziel, was man in Cancún und an manchen Stellen der Riviera Maya auch sieht. Aber Frischvermählte können trotzdem noch viele authentische und verschwiegene Plätze entdecken.

Lasst die überlaufenen Orte Playa del Carmen und Tulum links liegen und fahrt Richtung Süden: Mahahual, ein entspanntes Fischerdorf, das auf nachhaltigen Tourismus und Gelassenheit setzt, begeistert Besucher mit seinen Tauch- und Schnorchel-Spots, einer wunderschönen Promenade für abendliche Spaziergänge und reetgedeckten Restaurants, die fangfrische Meeresfrüchte servieren (unbedingt Nohoch Kay probieren). Außerhalb der Stadt findet man weißsandige Strände für romantische Stunden zu zweit.

Würzt euren Trip mit einer Fahrt zur Kulturhauptstadt Mérida, einer verträumten Kolonialstadt, die für ihre Gastroszene, ein fantastisches Maya-Museum (www.gran museodelmundomaya.com.mx) und eine stimmungsvolle Altstadt mit eleganten Villen bekannt ist – diese Seite Mexikos sieht man an der Riviera nicht. Von Mérida aus könnt ihr Maya-Ruinen und cenotes (Kalksteinlöcher) besichtigen und im Biosphärenreservat Celestún bei Bootstouren Flamingos beobachten.

AB IN DIE FLITTERWOCHEN!

Fahrt von Cancún aus nach Süden zum Fischerdorf Mahahual, springt im Biosphärenreservat Banco Chinchorro ins azurblaue Wasser der Karibik, erkundet die einsamen Strände südlich von Mahahual und esst abends bei Kerzenlicht am Strand.

Besucht in Mérida im Nordwesten das Maya-Museum, probiert im La Chaya Maya (lachaya maya.com) regionale Küche und feiert mit Musik und Mezcal in der Cantina La Negrita.

Östlich von Mérida gibt es geheimnisvolle Maya-Ruinen und Kalksteinlöcher. Fahrt dann nach Norden und verbringt die Nacht in einer Hacienda aus dem 18. Jh.

Einen Besuch wert ist auch Celestún, ein erfrischend unaufgeregter Badeort, umgeben von Mangroven samt großer Flamingo-Kolonie.

TOPP-TIPP

STECKT BEIM BESUCH KLEINERER ORTE WIE CELESTÚN UND MAHAHUAL BARGELD EIN: DIE GELDAUTOMATEN SIND OFT LEER UND KREDITKARTEN WERDEN NICHT ÜBERALL AKZEPTIERT.

© JUSTIN FOULKES / LONEY PLANET

© OLE STEFFENSEN / 500PX

LINKS Abseits von Cancún zeigen Fischerdörfer wie Punta Allen die wildere, weniger touristische Seite der Halbinsel Yucatán. UNTEN Die Pyramiden von Chichén Itzá.

ZUM TRÄUMEN

★ Nichts ist in Mexiko romantischer als die Übernachtung in einer Hacienda aus dem 18. Jh., und **Xcanatún** gilt als eine der besten. Die Suiten sind mit rustikalem, gemütlichem, aber durchaus edlem Mobiliar ausgestattet (ohne Fernseher, aber den braucht ihr vermutlich auch nicht). Und das preisgekrönte Restaurant ist schlicht und einfach spitze (www.xcanatun.com).

★ Mahahual hat mit Ultra-Luxus nichts am Hut – und genau das macht seinen Charme aus. Die minimalistisch eingerichteten Zimmer im **Ko'ox Quinto Sole** sind sehr bequem, das Besondere aber sind der schöne, gut zum Schwimmen geeignete Strand und die weiten Ausblicke auf die mexikanische Karibik. So eine Unterkunft am Meer hat ihren Preis, ist aber jeden Cent wert (www.koox quintosoleboutiquehotel.com).

KLEINE FLUCHTEN IN CELESTÚN

⟫→ 100 km westlich von Mérida wartet im sonnenverwöhnten Fischerdorf Celestún ein Naturerlebnis der Extraklasse. Auch wer kein Hobbyornithologe ist, wird von einer Bootstour in das Biosphärenreservat des Mangrovenwalds, auf der man Flamingos beobachten kann, begeistert sein. Schlaft ein oder zwei Nächte in der Casa de Celeste Vida (www.hotelcelestevida.com), einem freundlichen, familienbetriebenen Gästehaus, dessen Strand man meist ganz für sich allein hat. Wer eine individuellere Mangrovenführung wünscht, kann die Hotelbetreiber bitten, einen Ausflug mit einheimischen Naturexperten zu arrangieren. Ein Traumausflug in die Stille!

Ultimative Flitterwochen Erlebnisse

Für die Maya waren die *cenotes* und ihre unterirdischen Flusssysteme Tore zur Unterwelt. Aber da Unterwelt und Flitterwochen nicht besonders gut zusammenpassen, betrachtet sie einfach als tolle Pools. In und rund um Valladolid gibt es besonders viele, darunter auch den spektakulären bei der Hacienda San Lorenzo Oxman (facebook.com/ haciendasanlorenzoo).

—

In Yucatán stehen einige der eindrucksvollsten prä-hispanischen Bauwerke überhaupt. Chichén Itzá ist am besten erhalten, aber auch am stärksten besucht; Tulum (auch überlaufen) liegt dramatisch auf einem Felsvorsprung über dem türkisfarbenen Meer. In Ek Balam dagegen kann man auf einer 32-m-Pyramide Zweisamkeit genießen.

AB IN DIE FLITTERWOCHEN!

TOPP-TIPP

FALLS IHR NICHT SO VIELE KLAMOTTEN MITNEHMEN WOLLT: HAULOVER BEACH IN MIAMI IST DER BERÜHMTESTE STRAND MIT FKK-MÖGLICHKEIT DER USA.

Praktisches

✈️ Miami International Airport (MIA) oder Fort Lauderdale-Hollywood International Airport (FLL).

LGBT-freundlich ★★★★★

💼 Es geht hier sehr lässig zu, aber einige edlere Lokalitäten haben Dresscodes. Fragt beim Buchen nach und packt für ein gehobenes Dinner etwas Schickes ein.

📅 Die Nebensaison – Ende März bis Mai – ist perfekt, wenn man Gedränge, hohe Preise und eventuelle Hurrikane vermeiden will.

€ €

○ Kultur
○ Strand
○ Essen & Trinken

MIAMI & SÜDFLORIDA, USA

Wenn Sexappeal, Anmut, Spaß und Entspannung für eine gelungene Hochzeitsreise stehen, dann ist Südflorida eines der besten Ziele überhaupt. Hotels in Neonfarben, weiße Strände, exzellente Restaurants und eines der größten Feuchtgebiete Nordamerikas warten!

Das subtropisch-sinnliche Miami liegt an der Schnittstelle von Lateinamerika und Karibik und reicht vom coolen Art-déco-Viertel South Beach über die mediterranen Villen von Coral Gables bis zur Hipster-Kunstszene von Wynwood. Glitzernde Wolkenkratzer thronen über exzellenten Restaurants jeglicher Couleur, von Sterneküche bis Imbissbude, während europäische Kunstexperten die Galerien durchstöbern, kubanischstämmige Amerikaner im Park Domino spielen, Models für Fotoshootings posieren – und das alles vor kilometerlanger Puderzuckertraumstrandkulisse.

Miami ist eine Stadt, die jeden glamourösen Flitterwochentraum erfüllt und weiß, wie man sich amüsiert. Ihr könnt zum Beat von DJs oder zu kubanischer Livemusik abtanzen, mit einem Rumcocktail in der Hand bewundern, wie die Sonne hinter der Bucht von Biscayne versinkt, oder Tapas in einer Lounge schlemmen, die auf katalonische Küche spezialisiert ist.

LINKS Das palmengesäumte Art-déco-Viertel South Beach ist ein historisches Denkmal.

OBEN Macht einen Bootstrip rund um Sout Beach.

© FOTOSEARCH / GETTY IMAGES. © PESKYMONKEY / GETTY IMAGES

© PHOTOSVIT / GETTY IMAGES

115

Startet in Miami – oder besser in Miami Beach. Schlendert durch das Art-déco-Viertel, entspannt auf weißem Puderzuckersand, genießt Club-Hopping am Ufer und ein romantisches Essen in einem Glamour-Hotel oder einem kubanischen Diner.

Auf nach Wynwood, ins Designviertel, wo ihr euch ins Nachtleben stürzt und neue Restaurants in Miamis Künstlerbezirk testet.

Fahrt runter in Richtung Everglades und macht eine Tour durch meilenweites Marschland und Sümpfe voller Alligatoren.

Und jetzt: ein Roadtrip über den Overseas Highway bis nach Key West – der bunten Stadt mit Karibikflair, voller Galerien, Freiluftcafés und tropischer Bars.

Weiter südlich liegt das Wunderland der Everglades, ein riesiger Naturpark in einem von Alligatoren bevölkerten Marschland. Noch weiter südlich befindet sich, inmitten der blaugrün leuchtenden Gewässer der Florida Bay und des Golfs von Mexiko, der Archipel der Florida Keys: Die Kette aus mangrovenbewachsenen Inseln wird vom spektakulären Highway 1, dem Overseas Highway, zusammengehalten – einer über dem Wasser verlaufenden Autotrasse, die zwischen den pittoresken Vierteln und wilden Partys von Key West endet.

RECHTS Südflorida besteht nicht nur aus Partys in Miami – erkundet auch die Everglades und den Archipel der Florida Keys.

ÜBER DIE KEYS GLEITEN

≫→ Der etwas andere Roadtrip: Mietet ein Auto und fahrt runter nach Key West, eine vierstündige Fahrt von Miami. Wer die Strecke genießen will, sollte sich alerdings länger Zeit nehmen. Der Overseas Highway überquert die in allen Blautönen schimmernden Gewässer der Florida Bay und des Golfs von Mexiko und trifft dabei auf über 100 „Keys" (Inseln). Jede hat ihren eigenen Charakter – und all diese Eigenheiten werden in Key West zu einem einzigartigen Cocktail gemixt. Hier findet ihr, zwischen karibischen Kolonialbauten, Kunstgalerien, edle Lokale und jede Menge Leute, die ihre Drinks am liebsten im Freien schlürfen.

© NO_LIMIT_PICTURES / GETTY IMAGES

© MATT MUNRO / LONELY PLANET

Ultimative Flitterwochen Erlebnisse

Spaziert durch das Art-déco-Viertel von Miami Beach und bestaunt die Neon-Retro-Pracht. Im hippen Stadtteil Wynwood gibt's was zu essen und dann nichts wie zurück an den Strand – Cocktails auf der Ocean Avenue! Rundet den Abend stilvoll ab, indem ihr in eines der Luxushotels schlendert, z. B. Delano, Shore Club oder Raleigh, und euch mit einem weiteren Drink am riesigen Pool niederlasst.

—

Gummistiefel an und ab in die Everglades. Ihr könnt traditionell eine Kajaktour wählen oder euch für eine „feuchte Wanderung" in einem Sumpf voller Zypressen entscheiden. Klingt nicht romantisch? Turtelnde Tiere und ein Dschungel aus blühenden Pflanzen erwarten euch.

ZUM TRÄUMEN

★ Der **Shore Club** gehört zur neueren Generation der Megahotels in South Beach und wirkt wie aus der Zukunft hergebeamt. Die minimalistischen Zimmer sind ganz in kühlem Weiß gehalten und von tropischen Gärten und glitzernden Pools umgeben (www.morgans hotelgroup.com).

★ Im krassen Kontrast zum reduzierten Shore Club steht **The Pelican**, eine freche Explosion aus Farbe und Mustern. Jedes der 30 Zimmer ist individuell gestaltet, vom Stil der psychedelischen 60er-Jahre bis hin zu Themen wie etwa „Zebra". Ein verspielter Ort mit tollem Zugang zum Strand und der Flaniermeile Ocean Drive (www.pelicanhotel.com).

AB IN DIE FLITTERWOCHEN!

© RELIGIOUS IMAGES / GETTY IMAGES

© CHRIS HEPBURN / GETTY IMAGES

© FRANCESCO RICCARDO IACOMINO / 500PX

Praktisches

💼 Schicke Outfits für die Nachtclubs von Las Vegas und bequeme Out-door-Kluft für Roadtrips und Wanderungen in den Nationalparks einpacken.

✈ McCarran International Airport, Las Vegas, Nevada

€ €

LGBT-freundlich ★★★☆☆
(Top-Hochzeitsreiseziel für schwule Paare, einige konservative und religiöse ländliche Regionen im Süd-westen sind jedoch weiter-hin intolerant)

📅 Ende April, Mai, September und Anfang Oktober sind die Temperaturen in der Wüste milder und es gibt keinen oder nur wenig Schnee am Grand Canyon.

OBEN Ein Roadtrip zur kargen Traumlandschaft des Monument Valley in Utah lässt sich mit einer Blitzhochzeit oder Bling-bling-Flitterwochen in Vegas (links) kombinieren.

TOPP-TIPP

ÜBERNACHTUNGEN, WILDWASSER-RAFTING, MAULTIER-TREKS UND WANDERUNGEN IM GRAND-CANYON-NATIONALPARK MUSS MAN BIS ZU 13 MONATE IM VORAUS BUCHEN.

LAS VEGAS & SÜDWESTEN DER USA

○ Outdoor
● Abenteuer
○ Kultur

Es mag vorwiegend für seine Blitzhochzeiten bekannt sein, aber Las Vegas ist auch ein überraschend kultiviertes Flitterwochenziel mit supercoolem urbanem Flair. Und Ausgangspunkt für einen romantischen Roadtrip zu den atemberaubenden Canyons und Wüsten des Südwestens.

AB IN DIE FLITTERWOCHEN!

© LUCKY-PHOTOGRAPHER / GETTY IMAGES

Wildwasser-Rafting, Wanderungen durch Canyons und Jeeptouren auf Schotterpisten zu alten Indianerstätten, Lodges und Ranchresorts können bis zu einem Monat eurer Hochzeitsreise durch den Südwesten der USA in Anspruch nehmen. Ideal für Paare, die perfekten Hotelservice ebenso schätzen wie romantische Zweisamkeit unterm Sternenhimmel.

Startpunkt der Reise ist Las Vegas in Nevada. Während eines kurzen Aufenthalts in der Stadt könnt ihr euch verwöhnen lassen und jede Menge Spaß haben – toll, um nach einer Hochzeitsfeier abzuschalten. Nachdem ihr Dampf abgelassen habt, ist es Zeit, ins Auto zu springen und das Roadtrip-Abenteuer zu beginnen – im Grand Canyon, einem einmaligen Naturwunder im Nachbarstaat Arizona.

Gleich darauf folgen auf der Hitliste des Südwestens die spektakulären Nationalparks im Süden von Utah: Zion Canyon und Arches in der Nähe des touristischen Zentrums Moab. In New Mexico warten charmante Lehmziegelhäuser, Kunstgalerien und die heißen Quellen von Santa Fe und Tao auf euch.

Besucht auf jeden Fall auch einige der Indianergebiete des Südwestens. Im Monument Valley kann man mit einem Navajo-Führer zwischen den aus Hollywood-Western bekannten Tafelbergen reiten gehen.

Reiseverlauf

»»→ Verbringt eine Nacht oder ein Wochenende in Las Vegas, der lebendigen Casino-Stadt in der Wüste Nevadas, um eure Reise mit einem echten Hit anfangen (oder enden) zu lassen.

»»→ Macht einen Ausflug (evtl. mit Übernachtung) zum Grand Canyon in Arizona – entweder zum beliebten, leicht zugänglichen South Rim oder zum ruhigeren und einsameren North Rim.

»»→ Mietet ein Cabrio oder einen Jeep und düst damit bis zu einer Woche lang durch die spektakulären Nationalparks im Süden von Utah.

»»→ Habt ihr noch Zeit übrig und einen Mietwagen ohne Kilometerbegrenzung? Dann ab nach Santa Fe in New Mexico, um regionale Fusion-Küche, Kunst, Kultur und Geschichte zu erleben und zu genießen.

LINKS Nehmt euch mindestens einen Tag Zeit für den Grand Canyon, sonst verpasst ihr vielleicht so grandiose Naturschauspiele wie die Havasu Falls.

ZUM TRÄUMEN

★ Das einmalige Resort **Amangiri**, eine im Canyonland des südlichen Utah versteckte, intime Boutique-Anlage, ist perfekter Zufluchtsort und Stopover zugleich. Die Suiten haben jeweils eine eigene Outdoor-Lounge mit Feuerstelle, einige auch einen kleinen Privatpool. Wie wär's mit einer Ballonfahrt bei Sonnenaufgang, um die atemberaubenden Felsformationen des Tals von oben zu bewundern? Krönt jeden Tag mit einem saisonalen, nachhaltigen Southwestern-Festmahl für zwei auf der Terrasse (www.aman.com/resorts/amangiri).

HOCHZEITEN IN LAS VEGAS

➤➤➤ In Vegas zu heiraten, ist ein Kino-Klischee – macht aber irre Spaß. Wenn eure Hochzeitsvorbereitungen daheim in Schwerstarbeit ausarten, brennt doch einfach durch … Jedes Jahr gehen Tausende Paare in den Kapellen von Sin City den Bund der Ehe ein, viele davon mit Songs eines Elvis-Imitators. Aber Vegas hat auch gehobene Hochzeits-Locations im Angebot, von Zeremonien an wunderschönen Orten wie dem Red Rock Canyon bis zu edlen Räumlichkeiten in Casino-Hotels am Strip wie zum Beispiel dem Bellagio mit künstlichem See und Springbrunnen. Vergesst nicht, im Voraus eine Heiratslizenz zu beantragen (ja, man braucht wirklich eine: Die Story aus *Hangover* ist ein Mythos). Auf der Website www.clarkcountynv.gov/clerk/services/Pages/MarriageLicenses.aspx erfahrt ihr mehr.

Ultimative Flitterwochen Erlebnisse

Der Grand Canyon ist die meistbesuchte Attraktion im Südwesten, aber seine Majestät kann nur würdigen, wer mindestens einen ganzen Tag im Nationalpark verbringt. Erlebt Sonnenauf- und -untergang am Canyonrand oder am Colorado River, der nur zu Fuß, per Maultier oder Floß erreichbar ist.

—

Der neonbeleuchtete Strip in Las Vegas ist so glamourös wie wunderbar kitschig. Hier erwartet euch Tag und Nacht Spektakel – nicht nur an den Spieltischen der Casinos, sondern auch in Restaurants, Nachtclubs und Eventlocations. Ganz gleich, ob ihr 100 oder 1000 Dollar am Tag verpulvert: Es ist garantiert immer unterhaltsam.

AB IN DIE FLITTERWOCHEN!

TOPP-TIPP

LASST EUCH MIT BLUMEN-LEIS AM FLUGHAFEN WILLKOMMEN HEISSEN. ZU BESTELLEN BEI GREETERS OF HAWAII (WWW. GREETERSOFHAWAII.COM).

HAWAii

Die Inseln Hawaiis sind ein klassisches Hochzeitsreiseziel, an dem man einfach jeden Tag glücklich am Strand chillen könnte. Vulkane, Regenwälder, Naturparks und spektakuläre Korallenriffe werden abenteuerlustige Paare aber ebenfalls reizen.

Der Archipel besteht aus den einsamsten Inseln des Planeten, die ebenso zu Polynesien wie zu den USA gehören. Hier findet ihr breite Strände aus weißem, schwarzem und goldenem Sand, berühmte Surfspots und aquamarinfarbene Buchten, ideal zum Schnorcheln und Tauchen. Macht von Waikiki Beach aus eine romantische Bootsfahrt bei Sonnenuntergang oder einen Tagestörn per Katamaran entlang der Na-Pali-Küste von Kaua'i, wo Delfine und Meeresschildkröten vor hohen Klippen schwimmen. Im Winter, wenn die Buckelwale wandern, sind Wale-Watching-Touren im National Marine Sanctuary auf Maui ein Muss.

Für Landratten bieten die Hauptinseln fantastische Panorama-Autorouten wie zum Beispiel auf Maui die Dschungelstraße nach Hana. Auf Big Island führt die Chain of Craters Road durch den Hawai'i Volcanoes National Park, eine andere unglaubliche Strecke reicht vom Meer hinauf zu den Gipfeln der Vulkane Haleakala und Mauna Kea. Hawaii ist zudem stolz auf sein *paniolo* (Cowboy)-Erbe: Auf den Hauptinseln wird es auf historischen Ranches gepflegt, wo man reiten, Ziplining oder eine Führung zu den Stätten machen kann, an denen berühmte Hollywood-Filme und TV-Serien wie *Jurassic Park* und *Lost* gedreht wurden.

© DAVE FLEETHAM / GETTY IMAGES

LINKS Die Na-Pali-Küste (oben) und Waikiki Beach.

© MATT MUNRO / LONELY PLANET

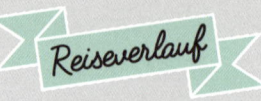

HAWAiiANiSCHE LUAUS

»»→ Hüftschwingende Tänzer, endlose Büfetts und Tiki-Drinks – ein hawaiianisches Luau lässt jedes Herz höherschlagen. Die meisten kommerziellen Angebote auf den Inseln sind jedoch völlig überteuert, die Bühnenvorführungen uninspiriert bis geschmacklos, oft von wässrigen Cocktails und fadem Essen begleitet. Eine leuchtende Ausnahme bildet Mauis **Old Lahaina Luau** (www. oldlahainaluau.com), auf dem es authentische Hula-Tänze, Musik, Gesänge, Märchenerzähler und überdurchschnittlich gutes Essen gibt. Die Einheimischen feiern Luaus zu Anlässen wie dem ersten Geburtstag eines Kindes mit der 'ohana (Verwandte und Freunde) – wer dazu eingeladen wird, darf sich glücklich schätzen.

Die Inseln Kaua'i und Maui sind mit ihren Hotels am Meer und der üppigen tropischen Szenerie Top-Hochzeitsreiseziele. Wenn ihr nur eine Woche Zeit habt, entscheidet euch für eine Insel, quartiert euch an einem Ort ein und unternehmt Tagestouren. Wenn ihr mehr Zeit habt, wechselt die Insel.

 »»→

Wer Outdoor-Abenteuer und wildere Landschaften sucht, fliegt zur Big Island Hawai'i. Entspannt erst in einem Resort an der Kona- oder Kohala-Küste und erkundet dann die einsamen Strände und Vulkangipfel der Insel.

 »»→

Wenn euch nach Shopping, Restaurants und urbanem Flair ist, wählt Honolulus Waikiki Beach auf der Insel O'ahu.

© EDDY GALEOTTI / SHUTTERSTOCK

LINKS Waikiki Beach ist das klassische Surfer-Paradies, bietet aber auch jede Menge Stadt-Action.

© MATT MUNRO / LONELY PLANET

OBEN & RECHTS Zum traditionellen Inselessen gehört gegrilltes Schweinefleisch, Taro und geraspeltes Eis mit Sirup.

ZUM TRÄUMEN

★ Wer bezweifelt, dass eine weltweite Luxushotelkette auch authentisch sein kann, wird im **Four Seasons Resort Hualalai** an der Kona-Küste von Big Island eines Besseren belehrt. Es sind nicht nur die frischen tropischen Blumen, die typischen Accessoires oder die feine Küche aus nachhaltig angebauten, lokalen Zutaten im 'Ulu Ocean Grill. Nein, es ist auch die ökologische Ausrichtung des Resorts, seine Unterstützung von Naturschutzprojekten auf der Insel und sein Kulturcenter Ka'upulehu, wo man einheimische Künstler und *kupuna* (Senioren) trifft. Danach könnt ihr euch natürlich mit einem Kokosnuss-Peeling verwöhnen lassen oder in den Infinity-Pool springen (www. fourseasons.com/hualalai).

Ultimative Flitterwochen Erlebnisse

Die alten Hawaiianer waren es, die den Sport *he'e nalu* (Wellengleiten) erfanden. Rund um die beliebten Strände der Hauptinseln gibt es viele Angebote für Surfunterricht und Equipment-Vermietung, vor allem an den surfverrückten North Shores von O'ahu, Maui und Kaua'i. Die größten Wellen rollen in der Regensaison (Dezember bis März) an.

—

Hawaiianische Musik ist der Herzschlag der Inseln und Hula-Tänze ihre Seele. Der beste Ort, um beides zu erleben, ist auf einem Festival oder im Community Center der jeweiligen Gemeinde. In Honolulu finden am Waikiki Beach fantastische kostenlose Konzerte und Hula-Shows statt. Auf staradvertiser. com erfahrt ihr Näheres.

AB IN DIE FLITTERWOCHEN!

Praktisches

🧳 Das Wetter ist unbeständig, packt also Kleidung ein, die man in Lagen trägt (warme Grundlage, Fleece, wasserdichte Hülle), dazu Mütze und Handschuhe – auch im Sommer.

✈ Calgary, Alberta

LGBT-freundlich ★★★★★

📅 Juli bis Anfang Oktober zum Wandern, Klettern und für andere Sommer-Aktivitäten; Dezember bis März zum Skifahren, Hundeschlittenfahren und für Winterabenteuer.

€ €

○ Outdoor
◉ Abenteuer
○ Entspannung

ROCKIES, KANADA

Ob im Sommer oder im Winter: Die vergletscherten Gipfel, heißen Quellen und blaugrünen Seen der kanadischen Rocky Mountains bilden den dramatischen Hintergrund für aktive Flitterwochen – mit viel Spielraum für Luxus-Einlagen.

LINKS Der Moraine Lake ist das Fotomodell unter den Seen – und einer der besten Orte der Welt für eine romantische Lodge.

LINKS & OBEN Im Winter werden gefrorene Canyons zu Abenteuerspielplätzen; ein Mann in voller Siksika-Tracht.

Mit ihren riesigen Naturschutzgebieten ist die Rocky-Mountain-Region im Westen Kanadas ein gigantischer Abenteuerspielplatz. Zu den beliebtesten Zielen gehören die Nationalparks Banff und Jasper, wo man Gletscher erforschen, mit dem Kanu über türkisfarbene Seen fahren und auf Waldwegen wandern kann. Banff allein bietet über 1600 km an Wanderwegen. Manche Lodges bieten außerdem Privatbutler, Paarmassagen oder Frühstück im Bett – mehr als ein Hauch von Luxus.

Paddelt also auf dem blaugrünen Wasser des Emerald Lake im Yoho National Park und genießt am Seeufer geräuchertes Elchfleisch und ein Craftbier. Oder wandert zu einem Teehaus mit Blick auf die Gletscher über Lake Louise, wo ihr euch frisch gebackenen Schokoladenkuchen teilen könnt. Sportliche Paare testen ihre Fähigkeiten auf der Via Ferrata in Banff, einem spektakulären Klettersteig, wo fest angebrachte Anker und Metallkabel auch Anfänger fürs Klettern begeistern. Bewundert die Gipfel entlang des Ice-fields Parkway, einer von Kanadas tollsten Autostrecken, und erholt euch anschließend in natürlichen heißen Quellen oder kuschelt euch in einer einsamen Lodge in den Bergen oder an einem See ein.

Soll es lieber ein Winterurlaub sein? In den Rockies gibt es unzählige Ski- und Snowboarding-Locations und Schneeschuhpfade. Schnallt euch Spikes an, um Canyons zu durchwandern, wo Flüsse und Wasserfälle zu Eiswänden gefrieren. Oder lümmelt vor dem Kamin und seht den Schneeflocken beim Fallen zu.

AB IN DIE FLITTERWOCHEN!

Startet im Städtchen Banff im gleichnamigen Nationalpark und besucht kleine Museen, gemütliche Pubs und Restaurants, wo Bison-Burger und frische Forellen serviert werden. Habt Spaß bei einem Konzert oder Theaterstück Im Banff Centre.

Macht Urlaubsschnapp-schüsse am Ufer des Lake Louise und erkundet mindestens einen Tag lang die Wasserfälle, Seen und Pfade im Yoho National Park.

Fahrt den spektakulären Icefields Parkway entlang, haltet unterwegs an und wandert zu den Gletschern.

Im abgelegeneren Jasper könnt ihr Wildwasser-Rafting machen, eine Motorradtour durch die Berge unternehmen oder eure Wanderschuhe weiter einlaufen.

© JUSTIN FOULKES / LONELY PLANET

© PHOTOGRAPHER / IMAGE LIBRARY

TOPP-TIPP

ERKUNDET DIE KULTUR DER REGION: BUCHT BEIM VON UREINWOHNERN BETRIE-BENEN CROSS RIVER WILDERNESS CENTRE (WWW.CROSSRIVER.CA) EINE SWEAT-LODGE-ZEREMONIE ODER BESUCHT EIN POWWOW DER FIRST NATIONS.

LINKS Reiter queren den von einem Gletscher gespeisten Cascade River in Banff; der Ort Banff: Häuser im Chalet-Stil und die Rockies ringsum.

ZUM TRÄUMEN

★ Wenn ihr morgens im **Kicking Horse Mountain Resort** in eurer Privatsuite an der Bergstation der Gondel aufwacht, wartet schon das Rundum-Bergpanorama. In der „Eagle's Eye"-Suite auf 2345 m Höhe übernachtet ihr in romantischer Abgeschiedenheit, mit einem persönlichen Butler und einem Privatkoch. Im Winter zeigt euer privater Skilehrer euch die besten Pisten, in deren unberührtem Schnee ihr als Erste eure Spuren hinterlasst (www. kickinghorse resort.com).

★ Suiten mit Seeblick bietet die ruhig gelegene **Moraine Lake Lodge**, ein rustikal-elegantes Refugium mit geführten Wanderungen, Kanufahrten und gehobener Küche. Nicht für Kinder unter acht Jahren (www. morainelake.com).

ROMANTIK AUF SCHIENEN

⫸⟶ Wer das Bergabenteuer mit einem Aufenthalt am Meer oder in der Stadt kombinieren will, startet am besten in Vancouver und nimmt dann den Zug in die Rockies. Via Rail (www. viarail.ca), Kanadas nationale Zuggesellschaft, bringt euch über Nacht von Vancouver nach Jasper. Bucht ein gemütliches Zweier-Abteil – der Zug beginnt den Anstieg in die Rocky Mountains, wenn ihr aufwacht. Falls das Budget es zulässt, ist auch der Rocky Mountaineer eine Option (www.rockymountaineer.com), ein privater Luxuszug, der auf mehreren Strecken zwischen der Küste und Banff, Lake Louise oder Jasper verkehrt, kombiniert mit geführten Touren und Outdoor-Abenteuern.

Ultimative Flitterwochen Erlebnisse

Wenn ihr in den kalten Monaten reist, bucht ein urtypisches kanadisches Abenteuer: eine Hundeschlittenfahrt durch die Nationalparks. Dabei lernt ihr, wie man für die Hunde sorgt, und dürft auf der rasanten Fahrt zwischen schneebedecken Pinien und an Seeufern entlang auch selbst lenken (king mikdogsledtours.com).

—

Entspannt nach euren Outdoor-Abenteuern im Mineralbad: In den Nationalparks Banff, Jasper und Kootenay gibt es öffentliche heiße Quellen. Wer's luxuriöser mag, bucht eine Paarmassage und steigt im edlen Fairmont Banff Springs Hotel ins Wasser, wo drei heiße Quellen mit Wasserfällen ein Mineral-Spa umgeben (fairmont. com/banff-springs).

AB IN DIE FLITTERWOCHEN!

TOPP-TIPP

MIETET EIN AUTO MIT ALLRAD-
ANTRIEB UND PRÜFT REGELMÄSSIG
DEN BENZINSTAND UND DIE
REIFEN, DA ES UNTERWEGS
KEINE TANKSTELLEN
GIBT.

ARGENTINA

RUTA

40

ARGENTINIEN

Wüsten, die wie Mondlandschaften wirken, die Gipfel der Anden, die Welt der Gauchos – die Ruta 40, der Highway ins Herz Patagoniens, hat dies und noch viel mehr zu bieten. Auf abenteuerlustige Frischverheiratete, die Steak und Wein lieben, wartet der romantischste Roadtrip überhaupt.

Die Ruta 40 verläuft parallel zu den Anden von der bolivianischen Grenze bei La Quiaca bis zu den Cabo Virgenes an der Südküste Argentiniens. Das Abfahren dieser gewaltigen, 5000 km langen Strecke würde viele, viele Wochen dauern, aber Abenteurer mit weniger Zeit haben mit einer Fly-and-drive-Kombi genauso viel Spaß. Die Ruta ist dabei sozusagen das Rückgrat eurer individuellen Reise.

Wenn ihr ein paar Wochen Zeit habt, könnte eure Kurzversion Salta, die nördlichen Wüsten, die Jujuy-Berge, die Spitzenweinregion Mendoza, die üppigen Wälder und kristalklaren Seen um Bariloche und die beeindruckenden Gletscher und schneebedeckten Berge um El Chalten in Patagonien abdecken. Fliegt zwischen den Städten und mietet ein Auto, um die spektakulärsten Abschnitte der Route zu erkunden. So habt ihr Zeit, ein paar interessante Abstecher zu machen, etwa um das Leben auf einer traditionellen *estancia* in den Bergen der Sierra Chica bei Córdoba kennenzulernen.

Beginnt euer Abenteuer in Buenos Aires und fliegt in Städte wie Salta, Mendoza und Bariloche, die das Tor zu unterschiedlichen Regionen bilden. So könnt ihr

LINKS Auf dem Viedma-Gletscher in Patagonien; Ruta 40 runs for 5000km down the spine of Argentina.

LINKS & UNTEN Tango und *empanadas* (köstliche gefüllte Teigtaschen).

Reiseverlauf

Startet in Buenos Aires, genießt Kolonialarchitektur, buntes Straßenleben, die stylishen Restaurants in Palermo und die Bars der Boheme in San Telmo.

Fliegt nach Salta mit seiner historischen Kathedrale und habt Spaß bei traditioneller Kultur, bei Musik und Tanz.

Fahrt erst nach Norden in die Jujuy-Berge, dann in die hoch gelegenen Weinberge von Cafayate.

Jetzt geht's nach Westen, entweder zu den Weingütern von Mendoza oder nach Bariloche, um den Nahuel-Huapi-Nationalpark am Fuß der patagonischen Anden zu erkunden.

Fahrt auf der Ruta 40 nach Süden zu den Höhlenmalereien der Cueva de las Manos, zum Perito-Moreno-Gletscher, dem Cerro Fitzroy und nach El Calafate.

Outdoor-Aktivitäten mit der einmaligen Kultur, dem pulsierenden Nachtleben, den erstklassigen Restaurants und Boutiquehotels der historischen Städte verbinden. Sie sind der perfekte Kontrast zum Leben unterwegs, wo euch nur die Natur, euer Partner und das Auto Gesellschaft leisten.

© MATT MUNRO / LONELY PLANET

LINKS & OBEN Argentiniens hoch gelegene Weinberge; das farbenfrohe La Boca ist ein Vorort des lebendigen Buenos Aires.

AUF DER STRASSE UNTERWEGS

⇒ Ein Roadtrip ist zwar der romantischste und beste Weg, um Argentinien zu entdecken, aber auch anstrengend. Entscheidet euch nur dafür, wenn ihr beide erfahrene Autofahrer und entspannte Beifahrer seid. Plant eure Stopps, bucht die Hotels im Voraus und achtet darauf, dass ihr immer einen vollen Tank und genug Wasser für lange Wegstrecken habt. Die meisten Hauptstraßen sind inzwischen asphaltiert, aber die Straßen in den Bergen sind oft nur Schotterwege, was Ruckeln und Zuckeln bei 10 km/h bedeutet – für frischverheiratete Paare mit Sinn für Abenteuer der ideale Start ins Eheleben!

© JOHN W BANAGAN / GETTY IMAGES

Die Fahrt in die bergige Provinz Jujuy nördlich von Salta ist atemberaubend und wie aus einer anderen Welt. Zu den Highlights gehören der „siebenfarbige Hügel" – ein 600 Jahre altes geologisches Wunder – und die mondartigen Salzwüsten Salinas Grandes.

—

Das Leben auf einer traditionellen Ranch ist typisch für Argentinien. Erleben könnt ihr es hautnah auf einer der vielen familiengeführten *estancias* in den Weinregionen von Cafayate, Córdoba und Mendoza. Beobachtet die Gauchos beim Viehtreiben und genießt bei Sonnenuntergang über dem Lagerfeuer gegrilltes Rindfleisch und Rotwein. Lasst euch danach von der Schönheit der Milchstraße verzaubern.

ZUM TRÄUMEN

★ Ein traumhafter Pool, köstliches Essen und preisgekrönter Wein sind Standard in der **Estancia Los Potreros** in der Sierra Chica bei Córdoba. Das Besondere an dieser familiengeführten Farm sind aber die entspannte Gastfreundlichkeit, das stylishe Dekor und die Hängematten auf der Terrasse im Kerzenlicht. Morgens wiehern Fohlen vor dem Fenster (estancialospotreros.com).

★ Die **Aguas Arriba Lodge** ist eine exklusive Öko-Lodge in Patagonien an einem See im Nationalpark Los Glaciares – ein Paradies für Naturliebhaber, versteckt im Wald und nur per Boot erreichbar. Mit majestätischen Blicken auf Cerro Fitzroy, Cerro Torre und den Vespignani-Gletscher könnt ihr hier angeln, klettern, wandern oder entspannen und gemeinsam die Natur genießen (www.aguasarribalodge.com).

AB IN DIE FLITTERWOCHEN!

© DC.COLOMBIA / GETTY IMAGES

© ECUADORPOSTALES / SHUTTERSTOCK

© PAUL KENNEDY / GETTY IMAGES

OBEN Meeresschildkröten und Blaufußtölpeln werdet ihr höchstwahrscheinlich bei einem Besuch der Inseln begegnen, die Charles Darwin berühmt gemacht hat.

Praktisches

🧳 Die Sonne am Äquator ist sehr intensiv: Hut und Sonnencreme mit hohem Lichtschutzfaktor einpacken, evtl. auch einen kurzen Neoprenanzug zum längeren Schnorcheln in kälterem Wasser.

✈ Flüge von Quito und Guayaquil (Festland von Ecuador) landen in Baltra oder San Cristóbal.

📅 Juli bis November: kühler, trockener, rauere See. Dezember bis Juni: regnerischer, ruhigeres Meer, besser zum Schnorcheln (wärmer, weitere Sicht). Übers Jahr Beobachtung unterschiedlicher Tierarten.

€ € €

LGBT-freundlich ★★✩✩✩
(Homosexualität ist erst seit 1997 legal und die ecuadorianische Gesellschaft generell katholisch-konservativ.)

TOPP-TIPP

WIRST DU LEICHT SEEKRANK? KABINEN UNTER DECK AUF EINEM MITTELGROSSEN ODER GROSSEN SCHIFF SCHWANKEN AM WENIGSTEN; VON AUGUST BIS SEPTEMBER IST DAS MEER AM RAUESTEN.

GALAPAGOS, ECUADOR

Delfine spielen in den Bugwellen, seltene Tiere kommen fast auf Streichelnähe heran, Vögel balzen, die Sonne versinkt im endlosen Ozean – eine Kreuzfahrt quer durch den abgeschiedenen Archipel im Pazifik ist eine Reise der unvergesslichen Erinnerungen.

○ Outdoor
◉ Abenteuer
○ Strand

AB IN DIE FLITTERWOCHEN!

⋙→ Stecht nach dem zweistündigen Flug vom Festland gleich in See. Die Kreuzfahrten sind meist vier oder acht Tage lang; acht sind besser.

⋙→ Wo ihr an Land geht, hängt von eurem Schiff oder Boot ab. Zu den Optionen gehören zum Beispiel die weißen Strände und Seelöwen von Gardner Bay (Española), die Reviere der Meerechsen an der Punta Espinosa (Fernandina) oder Tagus Cove (Isabela), wo Darwin von Bord ging.

⋙→ Ein typischer Galapagos-Tag? Frühstück, an Land gehen, eine geführte Naturwanderung; Mittagessen wieder an Bord, gefolgt von einem zweiten Landgang woanders; Schnorcheln oder Kajakfahren; wieder an Bord Drinks und Dinner, danach ein Briefing zum Programm des nächsten Tages.

© WESTEND61 / GETTY IMAGES

© ANDRE DISTEL PHOTOGRAPHY / GETTY IMAGES

Galapagosalbatrosse sind Paare fürs Leben. Die Männchen kehren im März zur Insel Española zurück; nach Ankunft der Weibchen vollführen die Paare komplexe Balzrituale – eine Art gefiederter Flamenco – mit Verbeugen, Schwanken und Schnäbel aneinanderreiben. Es ist eins der romantischsten Schauspiele der Natur – und einer von vielen Gründen, warum der abgelegene Archipel das ideale Ziel für eine Hochzeitsreise ist.

Die 1000 km vor dem ecuadorianischen Festland im Meer verstreuten und durch Darwins revolutionäre Evolutionstheorie berühmt gewordenen Galapagos-Inseln sind einzigartig. Viele der Tiere kommen nur hier vor und sind erstaunlich zahm. Riesenschildkröten, Pinguine, Blaufußtölpel ... Wer gern seltene Tiere in freier Wildbahn beobachtet, wird sich wie im siebten Himmel fühlen.

Es gibt 13 Hauptinseln, die man am besten per Kreuzfahrt besucht. Was passt besser zu euch, ein Schiff für 100 Passagiere (unpersönlicher, stabiler) oder ein 12-Kojen-Segelboot (intimer, unruhiger)? Eine Kabine mit Balkon für private Sonnenuntergänge? Oder findet ihr eine kleine Jacht unter Segeln romantischer? Jedes Boot folgt einer festen Route, wenn ihr also an etwas Bestimmtem interessiert seid – Flamingos, Robben, Vulkane, Geschichte – wählt die passende Tour. Eins ist aber klar: Jede Galapagos-Reise ist magisch.

LINKS Erst Flamingos in den Lagunen aufspüren, dann in den klaren Gewässern vor Isabela schnorcheln.

ZUM TRÄUMEN

★ Prinz Rainier von Monaco und Grace Kelly verbrachten auf der Motorjacht **M/Y Grace** in den 1950ern ihre Flitterwochen. Inzwischen restauriert, hat das Boot neun Luxuskabinen, einen Jacuzzi an Deck, einen Weinkeller, einen Dining-Bereich im Freien, herausragendes Essen, Top-Service und zwei Naturkundeexperten in der Crew (quasarex.com).

★ Wer lieber an Land schläft, sollte das **Galapagos Safari Camp** ausprobieren – neun Zelte im Safari-Stil im grünen, vogelreichen Hochland von Santa Cruz. Es gibt einen Infinity-Pool, eine hochklassige Lounge-Bar und jede Menge Aktivitäten wie Pferde-Trekking und Tauchen, sowie Ausflüge zu anderen Inseln (galapagossafaricamp.com).

KABINENKOLLER

➤➤➤ Schreckt euch der Gedanke, in den Flitterwochen mit Anderen eingepfercht zu sein? Tatsächlich bieten größere Schiffe mehr Privatsphäre als kleine, weil ihr dort zum Beispiel auch einen Tisch für zwei bekommt. Ihr könntet nach der Kreuzfahrt einige Tage auf dem Festland in Ecuador nur zu zweit dranhängen. Verbringt ein paar Tage im kolonialen Quito, vielleicht in der eleganten umgebauten Villa Casa Gangotena (www.casagangotena.com); von dort könnt ihr Richtung Süden die Straße der Vulkane entlang oder nach Norden in den Nebelwald fahren. Wer mehr wilde Tiere sehen und ein echtes Abenteuer erleben will, fliegt zu einer einsamen, gemeinschaftlich geführten Öko-Lodge im ecuadorianischen Amazonas wie die luxuriöse Sacha Lodge (www.sachalodge.com).

Ultimative Flitterwochen Erlebnisse

Nehmt jede Gelegenheit wahr, in die artenreichen Gewässer des Galapagos-Archipels zu hüpfen, vor allem, um inmitten von verspielten Seelöwen zu schnorcheln. Haltet auch Ausschau nach Pinguinen, Schildkröten und Meerechsen. Punta Vicente Roca (auf Isabela) und James Bay (auf Santiago) sind gute Schnorchelstellen.

—

Heimwehkranke Walfänger hinterlegten früher Liebesbriefe im Post Office Bay in Floreana, vorbeifahrende Schiffe nahmen sie mit und lieferten sie aus – manche allerdings erst Jahre später. Dasselbe können Besucher auch heute noch tun: Adressiert einen Brief an euch selbst und findet heraus, wie lang er unterwegs ist.

AB IN DIE FLITTERWOCHEN!

TOPP-TIPP

KAUFT AUF DEM BERÜHTMEN SONN-
TAGSMARKT VON AMBOISE ALLES FÜR
EIN KLASSISCHES FRANZÖSISCHES PICK-
NICK: BAGUETTE, KÄSE, OBST UND
GEMÜSE. DEN LOIRE-WEIN
NICHT VERGESSEN!

PARIS & DAS LOIRE-TAL, FRANKREICH

In Sachen Romantik und Magie ist Frankreich unschlagbar. Teilt eure Zeit zwischen der Stadt der Liebe und den Schlössern, Dörfern und Weingütern des Loire-Tals auf.

Die funkelnde Metropole Paris lockt seit Jahrhunderten Künstler, Intellektuelle und Liebende auf der Suche nach Romantik an. Einen besseren Startpunkt für eine Hochzeitsreise kann es also kaum geben. Parks wie der Jardin du Luxembourg sind ideal für verträumtes Schlendern. Geist und Fantasie regen hingegen die weltberühmten Museen der Stadt an – darunter natürlich der Louvre, aber auch kleinere Juwele, etwa das Musée Rodin und das Musée Picasso. Bunte Märkte wie der auf der Rue Mouffetard im Quartier Latin bieten französische Köstlichkeiten im Überfluss an – perfekt für ein Picknick deluxe für zwei. Fürs Abendessen macht man sich dann fein und schlemmt französische Haute Cuisine.

Drei Stunden südlich von Paris, im grünen Loire-Tal, geht es ruhiger zu. Hier tummelten sich einst Adlige und gekrönte Häupter, weshalb in der Region viele von Frankreichs großartigsten Schlössern stehen – mal mittelalterliche Burgen, die an Ritter in Rüstung denken lassen, mal Vergnügungsstätten der Renaissance mit hohen Kuppeln und prächtigen Bankettsälen. Dazwischen produzieren alte Dörfer hervorragende Weine, die man gleich vor Ort verkosten kann. Die urbane Kultiviertheit – und feine Küche – von Städten wie Tours, Amboise, Blois und Saumur ist dabei stets ganz nah.

© MATT MUNRO / LONELY PLANET

OBEN Schlendert erst durch Paris und besucht dann im Loire-Tal Schlösser wie Saumur (links).

DIE LIEBE ZUM GARTEN

⇒→ Wenn ihr Blumen und Pflanzen liebt, werden die Schlossgärten der Loire euch begeistern. In Chenonceau (www.chenonceau.com) kann man nicht nur durch eine Anlage von Diane de Poitiers, der Mätresse von Heinrich II., schlendern, sondern auch durch einen Rosengarten, den ihre bittere Rivalin, Henris Ehefrau Katharina de Medici, in Auftrag gab. Chaumaunt-sur-Loire (www.domaine-chaumont.fr) ist berühmt für sein internationales Gartenfestival und die „lebenden Kunstwerke", die dort gezüchtet werden. Am romantischsten sind vielleicht die Gärten von Villandry (www.chateau villandry.fr), darunter der Jardin d'Ornement, der mit verschachtelten Blumenbeeten und geometrischen Hecken vier Arten der Liebe darstellt: die unbeständige, leidenschaftliche, zärtliche und tragische.

Spaziert an eurem ersten Abend in Paris vom Marais-Viertel über die romantische Louis-Philippe-Brücke zur Île St-Louis und dann zum Platz vor Notre Dame. Besichtigt die Kathedrale am nächsten Morgen auch von innen.

Fahrt mit der Metro bis zur Station Anvers und lauft nach Montmartre hoch, dem Künstlerviertel der Belle Époque, um von den Stufen der Kirche Sacré Cœur aus den fantastischen Panoramablick auf die Stadt zu genießen.

Mit dem Zug geht es nach Amboise (1 ¾ Stunden). Mietet euch ein Auto und erkundet majestätische Schlösser wie Chambord, Blois, Chenonceau, Villandry, Langeais und Azay-le-Rideau. Haltet bei Weingütern wie bei denen um Château Moncontour (moncontour.com), um Wein zu verkosten und zu kaufen.

© MING TANG-EVANS / LONELY PLANET

© BRUNO DE HOGUES / GETTY IMAGES

LINKS In Chambord beginnt eure Liebesaffäre mit den Loire-Schlössern; macht es wie die Pariser (oben) und kauft auf einem Markt im Quartier Latin alles für ein Picknick am Seine-Ufer.

Ultimative Flitterwochen Erlebnisse

Die Champs-Élysées in Paris sind nicht nur grandios, sondern auch unglaublich romantisch. Die 3,5 km lange Flaniermeile mit extrabreiten Bürgersteigen führt von der Louvre-Pyramide zum Arc de Triomphe, vorbei an der prachtvollen Architektur des 19. Jhs., schönen Gärten wie dem Jardin des Tuileries und quer über die Place de la Concorde mit ihren stolzen Säulen und altägyptischem Obelisken.

—

Besucht für ein ganz besonderes Paarerlebnis im Loire-Tal das prunkvolle Château de Chambord und steigt die berühmte Doppelhelix-Treppe hoch – jeder von euch auf einer anderen Spirale, außer Sicht des anderen. Auf dem Dach begegnet ihr euch wieder – mit einem Kuss!

ZUM TRÄUMEN

★ Der ultimative Loire-Luxus ist ein prächtiges Zimmer im **Château de Brissac**, einem imposanten Schloss mit 204 Zimmern, das der Familie Brissac seit 1502 (18 Generationen!) als Domizil dient. Die mit antiken Stilmöbeln eingerichteten Zimmer entführen euch in die Zeit des französischen Feudalismus (www.chateau-brissac.fr).

★ Nicht weit vom Ort Saumur im Loire-Tal heißen euch die irischen Expats Mary und Conor im **Château de Beaulieu** aus dem 18. Jh. mit einem Glas Crémant de Saumur willkommen. Zur Entspannung könnt ihr euch am Pool (direkt neben den Weinbergen) sonnen oder im Grand Salon Billard spielen (www.chateau debeaulieu.fr).

AB IN DIE FLITTERWOCHEN!

Praktisches

✈ Pisa International Airport

LGBT-freundlich ★★★★☆

💼 Bequeme Laufschuhe einpacken, aber auch ein etwas schickeres Outfit, denn Italiener machen sich zum Abendessen meist fein.

📅 September und Oktober ist im Chianti Weinlese, es sind weniger Besucher und man kann wandern und schwimmen. Mai ist ebenfalls eine gute Reisezeit.

€ € €

⭕ Kultur
⭕ Essen & Trinken
⭕ Outdoor

FLORENZ, TOSKANA & CINQUE TERRE, ITALIEN

Kunstschätze, romantische Refugien und spektakulärer Meerblick – die perfekte Ehe zwischen Kultur, Lebenskunst und einer fast schmerzhaft schönen Landschaft.

© JANOKA82 / GETTY IMAGES

© GARY YEOWELL / GETTY IMAGES

© ASHLEY D / GETTY IMAGES

LINKS Das Chianti-Gebiet, die Hauptweinregion der Toskana, ist nicht weit entfernt von Florenz mit seinen hübschen roten Terrakotta-Dächern (unten).

Seit dem 19. Jh. steht Florenz ganz oben auf der Traumzielliste von Reisenden auf der Suche nach Kultur und Romantik. Und die Stadt enttäuscht nicht. Gefeierte Meisterwerke finden sich an jeder Ecke, Museen wie die Uffizien und das Museo del Bargello sind prallvoll mit weltberühmter Kunst, die Renaissance-Gebäude sind eine Augenweide und überall eröffnen sich fantastische Ausblicke. Den perfekten Schnappschuss bei Sonnenun-tergang bekommt man auf der Piazzale Michelangelo mit Blick hinab auf die rote Kuppel des Duomo und die mittelalterliche Skyline.

Im Chianti-Weingebiet, das sich von Florenz aus nach Süden erstreckt, findet man Ruhe und kann die einfachen Freuden der Toskana genießen – die wunderschöne Landschaft, die deftige Küche und den famosen Wein. Wer darüber hinaus immer noch nach Kultur lechzt, kann u. a. das Castello di Brolio aus dem 11. Jh. und im Parco Sculture del Chianti zeitgenössische Bildhauerei besichtigen.

Fahrt als Krönung eurer Reise in die Cinque Terre mit ihren spektakulären Küstenpanoramen. Neben der Erkundung der fünf pittoresken Dörfer, die der Region ihren Namen geben, könnt ihr hier schwimmen und am Ufer entlangflanieren. Wer sich stärker verausgaben möchte, wandert in den grünen Bergen, die sich steil aus dem Meer erheben.

AB IN DIE FLITTERWOCHEN!

Reiseverlauf

Startet mit einem mehr-
tägigen Aufenthalt in
Florenz. Besucht ein
oder zwei Museen und
den Dom und genehmigt
euch auf einer der
malerischen Piazzas
einen *aperitivo*.

Danach geht's per Miet-
wagen ins Chianti.
Genießt die sanfte
Schönheit der Land-
schaft, während ihr auf
kurvigen Straßen Wein-
güter, hochgelobte Land-
gasthöfe und charmante
ländliche Unterkünfte
ansteuert.

Nehmt für den letzten
Flitterwochen-Abschnitt
den Zug und rattert in
die Cinque Terre. Hier
erlebt ihr in den fünf
malerischen Dörfern
echtes Urlaubs-Feeling,
könnt im Meer
planschen und in den
grünen Bergen ringsum
wandern.

TOPP-TIPP

SEIT ES IM JAHR 2011 HEFTIGE
REGENFÄLLE GAB, SIND DIE WANDERWEGE IN
DEN CINQUE TERRE IMMER WIEDER
SAISONAL GESCHLOSSEN. INFORMIERT EUCH
AUF WWW.PARCONAZIONALE5TERRE.IT,
BEVOR IHR LOSLAUFT.

© RILJND H / 500PX

© STEVANZZ / 500PX

LINKS Auf dem Weg nach
La Spezia im Norden trifft man
zuerst auf das farbenfrohe
Riomaggiore, dessen Häuser fast
ins Meer zu stürzen scheinen.

Ultimative
Flitterwochen
Erlebnisse

ZUM TRÄUMEN

★ In der **Antica
Torre di Via Torna-
buoni 1**, einem stylishen Boutiquehotel in einem anmuti-
gen, nahe dem Arno in Florenz
gelegenen *palazzo* aus dem
14. Jh., fühlt ihr euch wie echte
Adlige. Die Zimmer sind klas-
sisch eingerichtet, absolutes
Highlight ist aber der atemberaubende Ausblick von der
Dachterrasse, wenn ihr morgens euren Cappuccino trinkt
(tornabuoni1.com).

★ Die **Villa Sasso-
lini** ist nicht nur In-
begriff rustikaler Eleganz,
sondern vor allem ein idyl-
lisches Refugium auf dem
Land, in einem dichten Wald
25 km östlich von Radda im
Chianti-Gebiet. Sie bietet
eine stylish-moderne Ein-
richtung, ein intimes Restaurant und eine wunderschöne
Terrasse mit Pool (www.villa
sassolini.it).

TAGESTOUREN AB CINQUE TERRE

⟫⟶ Die nordwestlich gelegene Riviera di Levante bietet sich
mit ihren herausgeputzten Ortschaften und schicken Seebädern
für eine Tagestour an. Von der Cinque Terre aus verkehren Züge
und Fähren nach Santa Margherita, einem charmanten Städtchen
mit hübschen Jugendstil-Gebäuden und eleganter Promenade am
Meer. Von dort kommt ihr per Bus oder Boot nach Portofino – ein
pittoreskes Dorf, in dem auch Promis gerne Urlaub machen. Ihr
könnt die Designerläden abklappern, im von Jachten wimmeln-
den Hafen einen Drink nehmen oder dem Trubel im Wanderge-
biet des Parco Natural Regionale di Portofino entkommen.

Von den vielen Meister-
werken, mit denen Florenz
aufwarten kann, ist keins
so beeindruckend wie
Michelangelos David. Die
muskulöse, 5,16 m hohe
Statue des alttestamenta-
rischen Helden ist eine der
größten Ikonen der westlichen Kunstgeschichte und
ihr Anblick in der Galleria
dell'Accademia einfach
berauschend.

—

Zur Erkundung des Chianti-
Gebiets gehört der Besuch
von Weingütern –
einige sind schon jahr-
hundertealt. Viele bieten
geführte Touren, Verkos-
tungen und manchmal
auch Mahlzeiten an. Eine
Top-Adresse ist Antinori nel
Chianti Classico (antinori
chianticlassico.it; im Voraus buchen) mit Dachres-
taurant in Bargino, 20 km
nordwestlich von Greve.

AB IN DIE FLITTERWOCHEN!

TOPP-TIPP

WENN IHR EURE EHE NICHT GLEICH AUFS SPIEL SETZEN WOLLT, DANN FAHRT NICHT MIT DEM AUTO IN DIE ZENTREN VON ANDALUSIENS GROSSEN STÄDTEN, WO DIE (EINBAHN-) STRASSEN OFT ENG SIND UND PARKEN EIN ALBTRAUM IST. EILZÜGE VERBINDEN SEVILLA, CORDOBA, MALAGA UND GRANADA.

Praktisches

✈ Sevilla, Málaga oder Granada

LGBT-freundlich ★★★★

💼 Sonnenbrille, Hut, Sonnencreme, leichte Kleidung und bequeme Schuhe einpacken.

📅 Im Mai, Juni und September ist das Wetter besonders schön, im Juli und August herrscht sengende Hitze.

€ €

○ Kultur
○ Essen & Trinken
○ Entspannung

ANDALUSIEN, SPANIEN

Das von der Sonne verwöhnte Andalusien verzaubert mit maurischen Bauten, lebendigen Städten, strahlend weißen Dörfern, fabelhaftem Essen und sensationellen Landschaften. Es ist eine Region, die unangefochten zu den romantischsten in Spanien gehört, voller Schönheit und Magie an jeder Ecke.

Nur wenige Landstriche verströmen so viel Romantik wie das facettenreiche Andalusien. Im leidenschaftlichen Süden Spaniens gibt es eine ganze Reihe unglaublich beeindruckender Stätten, viele davon aus maurischer Zeit und Unesco-Weltkulturerbe. Die Kathedrale und der Alcazár (der Palast) von Sevilla, Córdobas Mezquita und Granadas Alhambra sind die Highlights, aber es gibt noch jede Menge mehr für verliebte Paare zu entdecken. Mit seinem mitreißenden Flamenco, den bunten Fiestas, weiten Landschaften und weißen Dörfern, die auf steilen Klippen balancieren, ist Andalusien ein unvergessliches Flitterwochenziel.

Abseits der Sehenswürdigkeiten können Neuvermählte ihre Zweisamkeit im wallenden Dampf arabischer Hamams genießen, im Gewühl von Granadas exotischen *teterías* (Teehäuser) abtauchen oder einfach die kopfsteingepflasterten Gassen entlangschlendern und die Atmosphäre der *barrios* (Viertel) aufsaugen. Überall in der Region bieten sich hübsche historische Hotels und Gästehäuser voller Stil und Charakter als feine Urlaubsoasen an. Andalusien bietet außerdem jede Menge

VON OBEN LINKS IM UHRZEIGERSINN Die Alhambra in Granada; Córdobas römische Brücke; Cafékultur in Granadas Viertel Albayzin; Málaga.

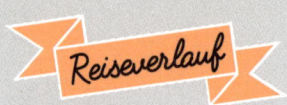
Reiseverlauf

Im „Goldenen Dreieck"
liegen einige von Spaniens
berühmtesten Städten.
Beginnt mit dem lebendi-
gen Sevilla: Besteigt den
Giralda-Turm der
Kathedrale (das frühere
Minarett einer Moschee),
besichtigt den prächtigen
Alcázar und bestaunt die
ornamentreichen Kacheln
an der Plaza de España.

Dann ein Abstecher nach
Süden: zur weißen Stadt
Arcos de la Frontera und
ihrem Altstadtlabyrinth.

Mit dem Zug geht's nach
Córdoba: die magische
Mezquita, blumenreiche
Veranden und ganz viel
historischer Zauber.

⋙→

Zum Schluss auf nach
Granada, zu Gratis-Tapas
und dem maurischen Archi-
tekturjuwel Alhambra.
Bei Sonnenuntergang ist
der Blick vom Mirador de
San Nicolás traumhaft,
begleitet von Flamenco-
Straßenmusikern (Vor-
sicht vor Taschendieben!).

kulinarische Leckerbissen. Genießt entspannte, lange Mittagessen, bevor ihr euch auf die Suche
nach dem besten Aussichtspunkt
für den Sonnenuntergang macht.
Und vergesst die Tapas nicht! Die
Häppchen, die man in winzigen,
drangvollen Bars zu Bier oder
guten spanischen Weinen serviert
bekommt (und die in Granada
umsonst zum Drink gereicht werden!), sind einfach ein typischer
Teil des hiesigen Nachtlebens.

RECHTS Zu den Highlights
einer Andalusien-Reise gehört
das Essen. Mischt euch in winzigen, schummrigen Tapas-Bars
unters Volk – bedenkt aber, dass
Spanier nicht vor 21 oder 22 Uhr
essen. Also am besten vorher
eine kleine Siesta machen ...

© WILL HEAP / GETTY IMAGES

JENSEITS DES GOLDENEN DREIECKS

⋙→ Mit seinen zahlreichen historischen Stätten, Outdoor-
Abenteuern und romantischen Ecken ist Andalusien die ideale
Region für eine Hochzeitsreise. Wenn die Zeit reicht, solltet ihr
auch Orte jenseits des Goldenen Dreiecks besuchen. Schaut in
den hippen Kunstgalerien Málagas vorbei, der lebhaften Heimat-
stadt Picassos am Meer, und schlürft dort am Strand *tintos de ve-
rano* (Rotwein und Limo). Auch das wunderschöne Ronda mit der
spektakulären Tajo-Schlucht lohnt den Besuch. Outdoor-Fans
könnten ein paar Tage in Granadas majestätischer Sierra Nevada
wandern oder reiten. Vielleicht quartiert ihr euch aber auch in einem
Boutiquehotel in der geheimnisvollen weißen Stadt Vejer de la
Frontera ein und räkelt euch an den Stränden der Costa de la Luz.

Über den verwinkelten Gassen von Granada thront die Alhambra (alhambra-tickets.es) – Unesco-Weltkulturerbe und eine faszinierend ursprüngliche maurische Welt aus Springbrunnen, Gärten, von Statuen bevölkerten Innenhöfen und exquisitem geometrischen Design. Bucht im Voraus (vor allem von Juni bis August) und kommt am besten frühmorgens, abends oder zum atmosphärischen Nachtrundgang.

—

Ob choreografierte *tablaos* oder *peñas* (Clubs): Nichts erweckt so viel Leidenschaft wie Flamenomusik und der dazugehörige Tanz. Authentisch ist er etwa in Sevillas Casa de la Memoria (casadelamemoria.es) oder in Granadas Peña La Plateria (laplateria.org.es), der als ältester Flamencoclub Spaniens gilt.

ZUM TRÄUMEN

★ Die **Casa 1800** in Sevilla ist eine prachtvolle Schönheit, die den artistokratischen Charme des 19. Jhs. mit dem kühlen Komfort der Gegenwart kombiniert. Dazu: zentrale Lage, superber Service, eleganter Dach-Pool, Terrasse mit Blick auf die Giralda. Der im Preis inbegriffene Nachmittagstee *(merienda)* ist ein Vergnügen, die Luxus-Suite mit Terrasse und Jacuzzi etwas ganz Besonderes (www.hotelcasa1800sevilla.com).

★ Wollt ihr in einem schick umgebauten Palast aus dem 19. Jh. wohnen? Das **Hotel Hospes Palacio de los Patos** in Granada bietet minimalistischen Boutique-Chic mit prunkvollen Elementen aus der Vergangenheit, ein brillantes Frühstück und frische Blumen auf dem Bett. Genießt den verträumten andalusischen Garten und den Wellnessbereich (www.hospes.com).

© LOTTIE DAVIES / LONELY PLANET

© MATTHEW WILLIAMS-ELLIS / GETTY IMAGES

© CORY SCHADT / 500PX

Praktisches

✈ Dubrovnik

LGBT-freundlich ★★★★☆

🧳 Packt wenig, aber packt clever – Flipflops und Wasserschuhe (wegen der vielen Seeigel), Sonnencreme, Sonnenhut und Mückenschutz müssen mit.

📅 Die besten Reisemonate sind Juni und September. Im Juli und August ist Hochsaison – das bedeutet Menschenmassen und hohe Preise.

€ €

OBEN Kommt euch das bekannt vor? Dubrovnik „spielt" in *Game of Thrones* die Stadt Königsmund; die Pakleni-Inseln (links) kann man von Hvar aus erreichen.

KROATiEN

Nur wenige Regionen der Welt haben so viel Charme wie die mit
Inseln gesprenkelte Küste Kroatiens. Die mehr als 1000 Eilande
im saphirblauen Meer mit ihren einsamen Buchten und kleinen
altertümlichen Dörfern sind perfekt für romantisches Abtauchen.

○ Entspannung
○ Strand
○ Outdoor

AB iN DiE FLiTTERWOCHEN!

⟫⟶ Verlauf euch erst im Diokletianpalast im Altstadt-Hafenviertel von Split, bevor ihr euch ins pulsierende Nachtleben stürzt.

⟫⟶ Fahrt mit einem Katamaran zur sonnigen Insel Hvar und steigt zur Festung hoch mit ihren atemberaubenden Ausblicken auf die Stadt, den Hafen und die Pakleni-Inseln.

⟫⟶ Weiter geht's zur Insel Korčula. Deckt euch in der gleichnamigen Stadt in der Bäckerei Cukarin mit traditionellen Süßigkeiten ein und schlendert durch geschichtsträchtige Straßen.

⟫⟶ Lasst eure Reise in Dubrovnik ausklingen. Spaziert bei Sonnenuntergang auf der Stadt-

mauer und genießt in einer Bar romantische Drinks. Wer aus der Stadt raus will, macht Ausflüge zur grünen Insel Lokrum oder zum Elafiti-Archipel.

V or der kroatischen Adriaküste gibt es garantiert für jedes Paar die passende Insel mit mildem mediterranen Klima, frischen Köstlichkeiten aus dem Meer, geschichtsträchtigen Küstenstädten, von Pinien gesäumten Kieselstränden, herrlich sauberem Badewasser – und ganz viel Zeit zum Schmusen.

Selbst auf den beliebteren Inseln gibt es Nischen, in die man sich vor dem Trubel zurückziehen kann. Da ist etwa die populäre Insel Hvar samt gleichnamiger Stadt mit schicken Strandbars und venezianischen Stadthäusern: Eine kurze Bootsfahrt und schon ist man auf den Pakleni-Inseln, einer hübschen Reihe unbewohnter schattiger Landflecken im Meer.

Die dalmatinische Stadt Split auf dem Festland lädt zu ziellosem Schlendern durch die labyrinthar-tigen Gänge und Innenhöfe des antiken Dioklietianpalastes ein, einem Baukomplex aus der Römerzeit. Die abgelegene Insel Vis wiederum ist das bestgehütete Geheimnis der Küste, ein ehemals gesperrter Militärposten, der sich zum Hotspot für Spitzenküche und -strände mit unkonventionell-künstlerischem Flair entwickelt hat. Die Insel Korčula, wo Marco Polo geboren sein soll, verzaubert mit venezianischer Architektur und märchenhaften Straßenzügen.

Und dann ist da noch das Kronjuwel: Dubrovnik mit seiner legendären Altstadt aus Terrakotta-Dächern, Marmorpflaster und alten Türmen, umringt vom leuchtend blauen Meer.

OBEN Hvar hat dörflichen Charme, aber auch stylische Restaurants und Bars zu bieten.

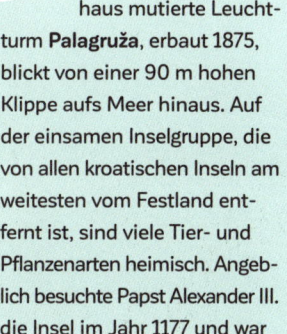

ZUM TRÄUMEN

★ Das perfekte Robinson-Refugium für Paare: Das **Radej Retreat for Conscious Living** liegt auf einem unbewohnten Inselchen in der Nähe von Murter. Ein kroatisch-französisches Paar betreut das charmante Steinhäuschen für zwei direkt am Meer. Im Angebot außerdem: vegetarische Mahlzeiten aus regionalen Zutaten, himmlische Massagen und Open-Air-Yoga (radej-retreat.hr).

★ Der zum Gästehaus mutierte Leuchtturm **Palagruža**, erbaut 1875, blickt von einer 90 m hohen Klippe aufs Meer hinaus. Auf der einsamen Inselgruppe, die von allen kroatischen Inseln am weitesten vom Festland entfernt ist, sind viele Tier- und Pflanzenarten heimisch. Angeblich besuchte Papst Alexander III. die Insel im Jahr 1177 und war restlos begeistert (www.light houses-croatia.com).

AUSRITTE UND WEINVERKOSTUNGEN

⟫⟶ Unternehmt zusammen einen romantischen Ausritt im Hinterland von Dubrovnik. In der noch immer ursprünglichen Region Konavle geht es im gemächlichen Trab durch Olivenhaine und Pinienwälder zur felsigen Küste mit Snackpause vor großartiger Meereskulisse. Wer schlemmen will, bucht ein Sechs-Gänge-Menü auf dem spektakulären Weingut Saints Hills auf der Halbinsel Pelješac. Zu den originellen Menüs gehören Gerichte wie frische Austern mit Sweet-Chili-Soße (mit Chilischoten aus dem nahegelegenen Neretva-Tal) und Schwarzes-Risotto-Chips mit Tintenfischsalat. Dazu schmeckt der gehaltvolle hauseigene Dingač-Rotwein. Beide Erlebnisse können über Journey2Croatia (www.journey2croatia.com) gebucht werden.

Ultimative Flitterwochen Erlebnisse

Mit seinen 1246 Inseln ist Kroatien ein echtes Seglerparadies. Mietet ein Boot, zum Beispiel von Sails of Croatia (sailsofcroatia.com), oder unternehmt einen kurzen Segeltörn. Die Insel Vis mit ihren guten Restaurants, schönen Stränden und himmlischen Höhlen, in die man hineinschwimmen kann, ist bei Paaren besonders beliebt.

—

Erkundet die unbekannte Seite von Hvar im Rahmen einer Offroad-Tour von Secret Hvar (secrethvar.com). Dabei kommt ihr an verlassenen alten Dörfern und duftenden Lavendelfeldern vorbei, bevor auf einem Spitzenweingut der regionale Rotwein Plavac serviert wird. Segelt danach bei Sonnenuntergang rund um die Pakleni-Inseln.

AB IN DIE FLITTERWOCHEN!

TOPP-TIPP

DAS POLARLICHT WIRD IN KP GEMESSEN (KP0 = NIEDRIG, KP9 = HOCH). DIE MEISTEN GEOMAGNETISCHEN STÜRME SIND NICHT SEHR STARK – ZWISCHEN KP1 UND KP3 – UND NUR ZWISCHEN DEN BREITENGRADEN 66° N UND 69° N SICHTBAR. DA HABT IHR ALSO DIE BESTEN CHANCEN!

Praktisches

🧳 Denkt in Lagen: Thermounterwäsche, Jogginghosen, Fleece, Daunenjacke, dicke Handschuhe und Innenhandschuhe, dünne Socken, dicke Socken, stabile Wanderstiefel mit Profil

✈ Ivalo, Finnlands nördlichster Flughafen

📅 Schnee liegt von November bis Anfang April. Das Polarlicht ist am besten am dunklen Winterhimmel sichtbar; Februar und März sind wärmer und weniger bewölkt als Dezember und Januar.

€ €

LGBT-freundlich ★★★★☆
(Die gleichgeschlechtliche Ehe gibt es in Finnland seit Anfang 2017.)

⭕ Abenteuer
⭕ Outdoor
⭕ Entspannung

LAPPLAND, FINNLAND

Nichts verleiht euren Flitterwochen so viel Glanz wie Polarlichter. Im Schnee von Finnisch-Lappland könnt ihr dieses fast übernatürliche Spektakel sogar schön gemütlich zusammengekuschelt im Bett bestaunen, ohne in die Kälte rausstapfen zu müssen.

Manche sagen, die Nordlichter seien ein gutes Omen – dass ein unter seinem Leuchten gezeugtes Kind wohlhabend und gesegnet sein wird. Das mag wissenschaftlich nicht erwiesen sein, aber das magische Ballett der Aurora borealis beobachten zu können, ist zweifellos sehr romantisch. Vor allem, wenn man sich nichts abfriert ...

Tief in Finnisch-Lappland haben kälteempfindliche Paare die Möglichkeit, warm und bequem das *revontulet* („Fuchsfeuer" – finnisch für Polarlichter) zu bestaunen. Verglaste Iglus mit Doppelbetten und flauschigen Decken sind wie gemütliche Kokons – manche Lodges bieten sogar Pieper an, die anschlagen, sobald die Lichter

sich zeigen. Aber auch wenn sie es nicht tun: Der Sternenhimmel über dieser Wildnis ohne Lichtverschmutzung ist beeindruckend.

Natürlich ist es wenig sinnvoll, den weiten Weg zum nördlichen Polarkreis auf sich zu nehmen, nur um im Bett zu liegen, selbst in den Flitterwochen. Im Winter verwandeln sich Lapplands schneebedeckte Seen, Berge und Wälder in einen glitzernden Spielplatz. Macht in Rentierfelle eingekuschelt glockenklingelnde Schlittenfahrten, schnallt die Schneeschuhe oder Skier an oder schießt mit einem Schneemobil über die gefrorene Tundra. Danach könnt ihr euch in einer traditionellen finnischen Sauna aufwärmen – Kleidung optional.

LINKS & OBEN Nordlichter bei Nacht und Abenteuer im Hundeschlitten bei Tag sind fester Bestandteil einer Reise nach Lappland.

155

UNTEN Ob Winter oder
Sommer: Nichts lieben die
Finnen mehr als einen Saunagang.

EXPEDITION MIT DEM HUNDESCHLITTEN

≫→ Hinter einem Rudel eifriger Hunde durch die eisige Wildnis zu rasen – kein Laut durchdringt die Stille außer dem Knirschen des Schnees und einem gelegentlichen begeisterten Juchzer – ist die ultimative Art, die Arktis zu erleben. Auch kurze Ausflüge im Hundeschlitten machen Spaß, aber für ein wirklich besonderes Paar-Erlebnis ist eine mehrtägige Expedition das Nonplusultra. Ein Experte bringt euch bei, wie ihr euer eigenes Team aus vier bis sechs Huskys versorgt und steuert, und führt euch über gefrorene Seen und durch unberührte schneebedeckte Wälder. Übernachtet wird in einsamen, ofengeheizten Hütten weit weg vom Rest der Welt (www.artisantravel.co.uk/holidays/husky-safari-holiday).

Reiseverlauf

Gewöhnt euch gleich am Anfang an die Kälte, im Schneemobil, Hundeschlitten oder auf Schneeschuhen.

Haltet einige Nächte lang nach den Polarlichtern Ausschau, vielleicht mit dem Schneemobil oder auf Skiern. Gönnt euch eine private Schlittensafari, um die Aurora ganz für euch allein zu haben.

Verbringt mindestens eine Nacht in einem Iglu für zwei mit Glasdach, trinkt gekühlten Sekt im warmen Bett und blickt hinauf zu den Sternen.

Lasst eure Reise mit einem faulen Tag ausklingen, an dem ihr vielleicht ein Museum über das Volk der Samen besucht, in der Sauna schwitzt, einen köstlichen Rentier-Eintopf futtert und euch vor dem Kaminfeuer aneinanderkuschelt.

© KAKSLAUTTANEN

OBEN Die Iglus mit Glaskuppeln des Kaks-lauttanen-Resorts in Lappland bescheren unvergleichliche Nord-licht-Erlebnisse.

© KAKSLAUTTANEN

Begebt euch nach Ein-bruch der Dunkelheit mit einem Schneemobil für zwei Personen auf Auro-ra-Safari in die frostigen Wälder. Haltet auf einer Lichtung mit freier Sicht auf den Himmel an, teilt euch eine Thermoskanne mit heißem Preiselbeer-saft und drückt die Dau-men, dass die Nordlichter erscheinen.

—

Eine finnische Tradition: Schwitzt gemeinsam in einer privaten Sauna. Gießt Wasser auf die heißen Steine, um mehr Dampf zu erzeugen, und springt, wenn ihr genug geschwitzt habt, raus, um euch im Schnee zu wälzen (oder kalt zu duschen). Schlagt einander mit einer *vihta* (einem Bündel Birken-zweige), das regt die Durchblutung an.

ZUM TRÄUMEN

★ In **Kakslauttanen** kann man einen Iglu mit einer Kuppel aus Spezial-Thermoglas buchen, das die Kälte abhält, ohne zu beschlagen. So hat man in wohliger Wärme einen klaren Blick auf die Nordlichter. Unter den Kuppeln der Kelo-Glas-Iglus liegen gemütliche Block-hütten samt Kamin und privater Sauna (kaks lauttanen.fi).

★ Die Aurora Bubbles des **Nellim Wilder-ness Hotel**, private kleine Wohnkapseln in der Nähe der Hauptlodge, sind mit Pinien-holz getäfelt und mit riesigen, nach Norden gerichteten Kuppelfenstern ausgestattet, die nicht zufrieren. Hier könnt ihr vom Bett aus die Sterne und mit etwas Glück auch Polarlichter beobachten (www.nellim.fi).

AB IN DIE FLITTERWOCHEN!

NOTIZEN

NOTIZEN

NOTIZEN

NOTIZEN

NOTiZEN

NOTIZEN

NOTIZEN

NOTIZEN

ÜBER DIE AUTOREN

Sarah Baxter
Die Reisejournalistin und Buchautorin war selbst noch nicht auf Hochzeitsreise, liebt es aber, die Flitterwochen anderer Leute zu planen. Sie war die Herausgeberin einer Flitterwochen-Zeitschrift und sucht stets nach unbekannten romantischen Orten.

Greg Benchwick
Greg reiste 1995 zum ersten Mal nach Nicaragua. Seitdem hat er Dutzende von Lonely-Planet-Büchern geschrieben, Regierungschefs und Grammy-Gewinner interviewt und an einigen der einsamsten Ecken des Planeten Romantik gesucht.

Sara Benson
Sara schreibt über Reisen und Outdoor-Abenteuer und verbrachte ihre Flitterwochen auf den Vulkangipfeln und an den Sandstränden Hawaiis.

Heather Carswell
Heather arbeitet in London als Autorin und im PR-Bereich. Ihre Reisen haben sie um die ganze Welt geführt, aber ihr Herz gehört Südostassien.

Duncan Garwood
Seit er nach Italien zog und in Taranto heiratete, hat Duncan seine Wahlheimat ausgiebig bereist und an vielen Italien-Titeln von Lonely Planet mitgearbeitet.

John Hecht
Der in Mexiko lebende Autor hat mehr als ein Dutzend Lonely-Planet-Titel verfasst, darunter zwei Ausgaben von Cancún, Cozumel & Yucatán.

Carolyn B. Heller
Die in Vancouver lebende Autorin verbrachte ihre Flitterwochen am Meer, liebt aber auch die Berge. Sie hat an mehr als 50 Reiseführern mitgewirkt und mehr als 40 Länder auf sechs Kontinenten erkundet.

Adam Karlin
Adam hat an mehr als 50 Reiseführern von Lonely Planet mitgearbeitet, darunter Titel zu Florida, Botswana, Kenia und Indien. Er verbrachte seine Flitterwochen in Nashville und fand es ziemlich großartig.

Olivia Knight
Olivia ist die Gründerin des Flitterwochen-Fonds patchworkit.com. Sie verreist regelmäßig mit ihrem Mann und ihren zwei Kindern und schreibt für einschlägige Hochzeitsportale.

Anja Mutic
Die Reisebuchautorin lebt in New York und Kroatien. Sie hat u. a. für National Geographic Traveler, das Wall Street Journal und BBC Travel geschrieben (www.everthenomad.com).

Isabella Noble

Die auf Spanien spezialisierte Reisejournalistin arbeitet für Lonely Planet und Telegraph Travel und liebt vor allem die Region Andalusien, in der sie aufwuchs. Isabella schreibt auch über Indien, Südostasien, Großbritannien sowie andere Länder.

Etain O'Carroll

Der Reisebuchautor hat mehr als 30 Lonely-Planet-Titel verfasst und schreibt auch für diverse Zeitschriften und Zeitungen. Er liebt Reisen jenseits der ausgetretenen Pfade.

Lorna Parkes

Loma war früher Lonely-Planet-Redakteurin für die Karibik, Mittelamerika und die Iberische Halbinsel und hat das australische Magazin *Bride Destination* herausgegeben. Hochzeitsreisenplanung ist ihre Berufung.

Matt Phillips

Matt reiste 15 Jahre lang ausgedehnt durch Afrika – manchmal luxuriös, immer abenteuerlich – und wird deshalb oft von Hochzeitspaaren um Rat zu Flitterwochen-Safaris gefragt.

Brandon Presser

Brandon hat mehr als 100 Länder besucht und an mehr als 50 Reiseführern mitgewirkt. Er ist Moderator eine US-TV-Reisesendung und schreibt Beiträge für diverse Publikationen, darunter die Zeitschrift *Brides* des Condé Nast Verlags.

Charles Rawlings-Way

Charles lebt seit mehr als 40 Jahren in Australien und hat Neuseeland bereits öfter als nötig besucht – die perfekte Qualifikation als Autor! Seine eigenen Flitterwochen hatten viel mit südaustralischem Wein zu tun ... aber das ist eine andere Geschichte.

Simon Richmond

Der Autor und Fotograf (www.simonrichmond.com) lebte früher in Tokio und hat für Lonely Planet Reiseführer über diese Stadt sowie über Myanmar geschrieben.

Daniel Robinson

Daniel hat an elf der zwölf Ausgaben von Lonely Planets Frankreich-Reiseführer mitgewirkt und (zusammen mit Tony Wheeler) LPs ersten Paris-Führer geschrieben. Mit dem Loire-Tal hat er sich zuletzt 2016 befasst.

AB IN DIE FLITTERWOCHEN!

THE HONEYMOON HANDBOOK
Lonely Planet Global Limited
CRN 554153
www.lonelyplanet.com
© Lonely Planet 2017
© Fotografien wie angegeben 2017
Managing Director, Publishing Piers Pickard
Associate Publisher Robin Barton
Commissioning Editors Jessica Cole, Lorna Parkes
Artdirection Daniel Di Paolo
Layout Claire Clewley
Bildredaktion Ceri James
Herstellung Larissa Frost, Nigel Longuet

DEUTSCHE AUSGABE
MAIRDUMONT GmbH & Co. KG
Marco-Polo-Straße 1, 73760 Ostfildern
www.mairdumont.com
www.lonelyplanet.de
Projektleitung Andrea Wurth, Stuttgart
Übersetzung Ronit Jariv, Köln
Redaktion Jens Bey, Stuttgart

Printed in Italy
ISBN 978-3-8297-2672-6
1. Auflage 2018

Autoren Sarah Baxter, Greg Benchwick, Sara Benson, Heather Carswell, Duncan Garwood, John Hecht, Carolyn B. Heller, Adam Karlin, Olivia Knight, Anja Mutic, Isabella Noble, Etain O'Carroll, Lorna Parkes, Matt Phillips, Brandon Presser, Charles Rawlings-Way, Simon Richmond und Daniel Robinson.

Cover-Illustration Owen Gatley

Dank an Emma Sparks

KONTAKT lonelyplanet.com/contact

AUSTRALIEN The Malt Store, Level 3, 551 Swanston St, Carlton, Victoria 3053 Tel: 03 8379 8000

USA 150 Linden St, Oakland, CA 94607 Tel: 510 250 6400

IRLAND Digital Depot, Roe Lane (off Thomas St), Digital Hub, Dublin 8, D08 TCV4

VEREINIGTES KÖNIGREICH 240 Blackfriars Rd, London SE1 8NW Tel: 020 3771 5100